John Diamond · Re-mothering

John Diamond

Re-mothering

Das Wiedererleben der Mutterliebe

Verlag für Angewandte Kinesiologie
Freiburg im Breisgau

Titel der amerikanischen Originalausgabe:
The Re-mothering Experience. How to totally love
© John Diamond, Ph. D.,
Archaeus Press, Valley Cottage/NY 1981
2. Auflage 1986

CIP-Titelaufnahme der Deutschen Bibliothek

Diamond, John:
Re-mothering: das Wiedererleben der Mutterliebe / John Diamond.
(Aus dem Amerikan. übers. von Michaela Bach). –
Freiburg im Breisgau: Verl. für Angewandte Kinesiologie, 1991
Einheitssacht.: The re-mothering experience (dt.)
ISBN 3-924077-13-4

© Verlag für Angewandte Kinesiologie, Freiburg 1991
Aus dem Amerikanischen übersetzt von: Michaela Bach
Lektorat: Norbert Gehlen
Umschlag: Hugo Waschkowski
Gesamtherstellung: Rombach GmbH Druck- und Verlagshaus, Freiburg i. Br.
Printed in Germany
ISBN 3-924077-13-4

Für meine liebe Mutter
In deinem Schoß schwinge ich mich auf zu Gott.

. . . so gebe Gott,
daß sie, für die ich schreibe,
meinem Werk sei wohl geneigt;
sie, die so sehr der Liebe wert,
daß man sie gern die Rose nennen möcht.

Guillaume de Lorris,
The Romance of the Rose

Vorwort

Bei einem Seminar in München 1983 begegnete ich John Diamond zum ersten Mal und war begeistert von seiner Fähigkeit, für mich bisher komplex erscheinende Probleme in der Psyche des Menschen auf einen einfachen Nenner zu bringen und durch einfache Korrekturen zu lösen.

Zunächst war ich davon überzeugt, daß nur er durch seine Persönlichkeit dazu in der Lage war, diese prompten Veränderungen bei den Patienten auszulösen. Wie sollte es sonst möglich sein, in kurzer Zeit so schwere Störungen zu verbessern wie mangelndes Selbstvertrauen, Phobien, Lebensängste, Geburtstrauma, für die man erfahrungsgemäß Jahre der Psychotherapie benötigt, um sie – wenn überhaupt – andeutungsweise zu verändern? Dennoch war meine Neugier größer als meine Skepsis und ich fing an, Diamonds in diesem Buch beschriebene Ideen in meine Praxis und Kursarbeit zu integrieren. Die zahlreichen schönen Veränderungen in der Persönlichkeitsentwicklung von Kursteilnehmern und Patienten, ausgelöst durch das Re-mothering-Erlebnis, ließen mich zu einem begeisterten Anhänger dieses Therapieansatzes werden. Ich bin davon überzeugt, daß der Therapeut oder Patient, der bereit ist, sich auf das Re-mothering-Erlebnis einzulassen, meine Begeisterung für diesen Therapieansatz teilen wird.

Matthias Lesch

Dank

Meine tiefste Hochachtung gilt Frederick Leboyer, dessen Eintreten für die Rechte von Mutter und Kind hoffentlich weitreichende Auswirkungen zeitigen wird. Der Weg zu einer Welt ohne Gewalt beginnt mit der sanften Geburt.

Mein Dank geht an Eva Graf, Mutter von zwölf Kindern, von der ich so viel über die Mutterliebe lernte, besonders als ich sie selbst nötig hatte.

Mein besonderer Dank gilt meinen Schülern, die mich im Laufe der Jahre mehr lehrten, als ich ihnen je vermitteln kann.

Danke, Peggy Peele. Wann immer ich während der Arbeit an diesem Buch an eine perfekte Mutter dachte, war es ihr Bild, das mir vor Augen schwebte.

John Diamond

Inhalt

1. Einführung

*Obwohl die Liebe mich willkommen hieß, zog meine
Seele sich zurück.*

George Herbert

Die wichtigste Erfahrung aus all den Jahren meiner Arbeit auf dem Gebiet der Psychiatrie und der vorbeugenden Medizin ist die Erkenntnis, daß Liebe die große Heilkraft ist. Und doch wissen wir alle, daß uns in unserem Inneren etwas daran hindert, rückhaltlos zu lieben, unser Herz vollkommen zu öffnen und uns ohne Einschränkung auf jemanden oder etwas einzulassen.

Der Grund dafür ist unsere Unfähigkeit, unsere Mutter voll und ganz zu lieben. Der Ursprung dieses Problems liegt in den ersten Lebensminuten; es ist die Folge der unnatürlichen Art und Weise, in der wir geboren werden. Solange wir das nicht überwinden, ist es uns nicht möglich, unsere Mutter oder andere – Ehegatten, Kinder, die Menschheit oder Gott – wirklich zu lieben, denn das Fundament jeglicher wahren Liebe ist die früheste Mutter-Kind-Beziehung.

Die herkömmliche Therapie zur Bewältigung dieses Problems erfordert intensive Psychoanalyse oder tiefgehende Psychotherapie und kann sich über mehrere Jahre hinziehen, weil es darum geht, unbewußte geistige Haltungen aus den ersten Augenblicken des Lebens zu korrigieren.

Mit Hilfe der Tests und der Korrekturmaßnahmen, die ich *Re-mothering* nenne, lassen sich fast

11

unmittelbar ausgezeichnete Ergebnisse erzielen. Wenn Sie dieses Buch zu Ende gelesen haben, können Sie bereits in der Lage sein – wenn Sie das wünschen –, nicht nur Ihre Mutter, sondern auch alle anderen voll und ganz zu lieben.

2. Mutterliebe, Test I:
Der Tröstbarkeitstest

„Laß dich trösten, laß dich trösten, mein Volk, sagt dein Gott",
(Jesaja 40, 1) – doch wir können uns nicht trösten lassen.

Die Art, in der wir geboren werden, bestimmt die Beziehung zur Mutter für den Rest des Lebens. Der Keim aller Liebe für sie entsteht in der Zeitspanne, die wir gleich nach der Geburt auf ihrem Bauch verbringen. Hier entstehen die Gefühle der Liebe für sie und – durch sie – für die ganze Welt. Den meisten von uns wurde diese göttliche und vollkommene Vereinigung nicht gewährt, und wir leiden unser ganzes Leben lang darunter. Wir wurden niemals wahrhaft wieder mit unserer Mutter vereint und können deshalb die Geburtsangst nie überwinden. Wir erfahren den vollkommenen syndesmotischen Trost und die Liebe, die eigentlich unser Geburtsrecht sind, nie.

Eine Reihe ganz einfacher Tests hilft Ihnen herauszufinden, ob Ihnen diese elementare Liebesbeziehung zur Mutter gewährt oder, wie das so häufig der Fall ist, vorenthalten wurde. Diese Tests müssen einmal als einfache Muskeltests und danach als Nabeltests (siehe Anhang 1) durchgeführt werden. Ein schwacher Nabeltest weist darauf hin, daß die Fähigkeit, die Mutter vollkommen zu lieben, tiefer gestört ist, als ein schwacher einfacher Muskeltest anzeigen kann.

Für Frauen besteht der einfachste Test wohl darin, sich vorzustellen, ihr Mann oder ihr Kind brauche Trost. Sie wollen sie in den Arm nehmen und trösten. Lassen Sie sich bei diesem Gedanken testen. Wahrscheinlich ist Ihre Überraschung nicht gering, wenn sich herausstellt, daß Sie dabei schwach testen. Etwas an Ihrer Einstellung erlaubt Ihnen nicht, sich ganz uneingeschränkt mütterlich im Sinne von „tröstend" zu geben. Wenn Sie ein Mann sind, stellen Sie sich vor, nach einem gräßlichen Tag im Büro heimzukommen. Am liebsten würden Sie jetzt den Kopf in den Schoß Ihrer Frau legen und sich von ihr trösten lassen. Sie werden feststellen, daß Sie bei diesem Gedanken ebenfalls schwach testen.

Lassen Sie bei Ehepaaren den Ehemann seine Frau trösten – sie legt ihren Kopf in seinen Schoß, während er ihr Haar streichelt –, und beide testen dabei schwach. Die umgekehrte Situation – mit dem Kopf des Ehemanns im Schoß der Frau – führt bei beiden zum selben negativen Ergebnis.

Oder: Testen Sie die Frau im Liegen, und sie testet stark dabei. Legen Sie nun eine Stoffpuppe irgendwo auf ihren Körper, und sie wird so lange stark testen, bis Sie die Puppe auf ihren Unterleib legen. Dabei wird das Testergebnis des einfachen Muskeltests oder des Nabeltests schwach ausfallen. Danach legt jemand seine Hand auf ihren Magen, ihre Brust, ihr Bein oder wohin auch immer, und sie wird stark testen. Sobald die Hand jedoch auf ihren Unterleib gelegt wird, testet sie schwach.

Der Unterleib, der Schoß, erinnert uns an das Kind, das die Mutter in sich trägt. Dorthin sollte nach Leboyer das Kind nach der Geburt gelegt werden.[1] Dort entsteht die vollkommene Vereinigung mit der Mutter – elementarer und vollkommener als an der Brust. Wer unsanft oder unter Gewaltanwendung geboren wurde, wie das für fast alle von uns der Fall ist, dem fällt es schwer, beim Gedanken an den Unterleib, den Schoß der Mutter, Liebe zu empfinden. Und jedesmal, wenn er Trost spenden soll – ob es sich nun um seine Eltern, seine Kinder oder seinen Ehepartner handelt – oder selbst Trost braucht, tauchen negative Gefühle auf. Als Arzt kann er kein wahrer Arzt sein und echten Trost spenden, und der Patient wird sich nicht wirklich trösten lassen wollen. So erkennen wir, daß zwischen dem Tröstbarkeitstest und der Grundlage aller Liebe zur Mutter (und dadurch zu allen Menschen) für die Dauer des Lebens eine Beziehung besteht.

Lassen Sie uns noch weitere Tests durchführen, die sich auf den Schoß beziehen: Beim Betrachten eines Bildes einer Frau im Bikini testen Sie stark. Wenn Sie aber nur auf deren Unterleib schauen, testen Sie schwach. Wir wissen, daß sich dieser Test auf die Schwangerschaft bezieht, weil der Anblick oder das Bild einer schwangeren Frau dieselbe Schwäche verursacht. Auch eine Frau, die an Schwangerschaft denkt, testet schwach. (Ob sie sich wünscht, schwanger zu sein oder nicht schwanger zu sein, spielt dabei keine Rolle.) Und wenn diejenigen unter uns, deren Geburt nicht sanft verlief, ein Bild der Venus von Willendorf betrachten, der archaischsten aller bestehenden Darstellungen der fruchtbaren Großen Mutter[2], testen wir dabei schwach.

Läßt sich beweisen, daß diese Tests die Probleme der frühen Beziehung zu unserer Mutter widerspiegeln und nicht unsere jetzige Einstellung zu Mutterschaft im allgemeinen? Führen Sie dazu den folgenden Test durch. Schreiben Sie einen beliebigen Frauennamen auf ein Stück Papier (aber nicht den Namen einer Ihnen bekannten Frau), zum Beispiel „Lieschen Müller". Ergänzen Sie dann zu „Lieschen Müller, Mutter". Lassen Sie sich testen, während Sie dieses Stück Papier betrachten, und sie werden feststellen, daß Sie dabei stark sind. Setzen Sie aber statt „Lieschen Müller" den Namen Ihrer Mutter ein, sind Sie beim Test schwach!

Schreiben Sie jetzt nur den Namen Ihrer Mutter auf ein Stück Papier, und lassen Sie das Wort „Mutter" weg. Dabei bleiben Sie stark. Es ist also der Gedanke an Ihre Mutter in ihrer Mutterrolle, der Sie negativ beeinflußt. Welch schwererwiegende Anklage ließe sich gegen die gegenwärtige Praxis der Geburtshilfe vorbringen, die Mutter, Kind und somit indirekt die ganze Gesellschaft solchen Grausamkeiten unterwirft? Die Medizin eignet sich unser natürliches Geburtsrecht an und macht uns dadurch alle zu Krüppeln. Die vollkommene Liebesbeziehung zwischen Mutter und Kind wird im Keim erstickt. Und so finden wir, daß sich

Menschen bei der Vorstellung, getröstet zu werden oder den Kopf in den Schoß der Mutter oder
einer anderen geliebten Person zu legen, noch
Jahre später nicht gestärkt, sondern geschwächt
fühlen. Wie kann ein solcher Mensch eine andere
Person vollkommen lieben? Wie die Natur vollkommen lieben? Wie vollkommene Liebe für Gott
empfinden? Seine Fähigkeit, reine Liebe zu empfinden und auszudrücken, wird durch die Art
seiner Geburt gehemmt, weil er sich auf dem
Bauch der Mutter nicht eins mit ihr fühlen durfte.

Auch ein anderer einfacher Test ist hier von
Bedeutung. Zeichnen Sie drei Strichfiguren, die
Mutter, Vater und Kind darstellen (wie S. 17). Beim
Betrachten dieser Strichfiguren sehen die Testpersonen sich selbst immer als das Kind, die große
Figur als den Vater und die mittlere als die Mutter.
Wer bei den Tests zur Mutterliebe und Tröstungsbereitschaft Schwierigkeiten hatte, testet hier bei
der Abbildung der Mutter schwach, nicht aber
beim Vater oder bei sich selbst (es sei denn, es
liegen noch andere Probleme vor).

Das Interessante an der Frage ist, ob sich die
Strichfigur auf die Mutter im späteren Leben oder
die Mutter bei der Geburt bezieht. Ich habe eine
kleine Freundin, die Adoptivkind ist. Sie hat ihre
richtige Mutter nie gekannt, und es gab beträchtliche Schwierigkeiten mit ihrer Adoptivmutter. Die
Strichfigur stellt ihre erste Mutter für sie dar, die
Mutter, die sie geboren hat. Wir wissen das, weil
sie, wenn sie mit Überzeugung sagt: „Ich liebe die
Mutter, die mich geboren hat", beim Betrachten

der Strichfigur stark testet. Wenn sie aber sagt: „Ich liebe die Mutter, die mich hegte und aufzog", testet sie dabei schwach. Der Strichfigurentest bezieht sich auf die Mutter bei der Geburt.

Es gibt noch einen wichtigen Test. So gut wie alle Männer – es sei denn, sie hätten sexuelle Probleme – testen bei der Vorstellung stark, nach dem Liebesakt im Bett zu liegen. Viele Frauen testen dagegen bei dieser Vorstellung schwach. Was sie aus der Fassung bringt, ist ihrer Aussage nach nicht der Liebesakt an sich, sondern daß sich der Ehemann danach auf die Seite rollt und einschläft. Was sie sich so verzweifelt wünschen, ist, in den Arm genommen zu werden oder, noch häufiger, jemanden in den Arm zu nehmen. In gewisser Beziehung ist Sex eine Art Geburt. Und für die Mutter ist die Geburt nicht abgeschlossen, bis sie das Baby bei sich hat und nach der Geburt wieder eins mit ihm ist. Viele Paare berichten, daß sich ihre Ehe sehr zum Besseren gewendet hat, seit der Ehemann nach dem Liebesakt seinen Kopf in den Schoß seiner Frau legt und sie ihn hält wie ein Baby, das nach der Geburt getröstet wird. Auch die Umkehrung dieser Rolle hat eine ähnlich wohltuende Auswirkung.

Haben Sie sich je gefragt, warum wir sogar in heißen Nächten gerne mit einer Decke auf dem Körper schlafen? Unter einem Leintuch oder einer Decke im Bett liegen ähnelt dem Ruhen auf dem Bauch der Mutter, die uns mit ihrer Hand bedeckt und Zutrauen spendet. Deshalb werden Sie auch finden, daß die meisten Menschen beim Test – und zwar üblicherweise beim Nabeltest – schwach reagieren, wenn sie sich in eine Decke gewickelt hinlegen.

Wie Sie sehen, läßt sich auf verschiedene Arten testen, ob Sie sich trösten lassen. Hier ist noch eine Möglichkeit: Die Große Mutter wurde auch die Große Runde genannt, und Sie werden sehen, daß der Anblick eines Kreises dieselbe Wirkung hat, wie wenn Sie ein Ei, das Symbol der Fruchtbarkeit, betrachten. (Vgl. S. 21)

Am allertraurigsten aber ist es wohl, daß uns der Anblick eines Babys auf dem Bauch seiner Mutter – der doch eigentlich das vollkommenste aller Bilder sein sollte – nicht mit Glück und Liebe erfüllt, sondern nur mit Negativität.

Die Probleme beim Tröstbarkeitstest beziehen sich auf die ersten Atemzüge des Kindes. Deshalb ist es nicht weiter verwunderlich, daß dabei hauptsächlich der Lungenmeridian beteiligt ist, der auch der erste Meridian genannt wird. Wir versagen fast alle beim Tröstbarkeitstest. Das bedeutet, daß es uns trotz all unserer lebenslangen Mühe nicht gelingt, unsere Mutter so vollkommen zu lieben, wie wir eigentlich wollen. Immer blockiert das frühe Trauma den Weg und verhindert die größte Erfahrung, die uns je möglich wäre. Und es behindert uns ganz allgemein in der Fähigkeit, andere Menschen vollkommen zu lieben.

Außerdem glaube ich, daß der Augenblick, in dem das Baby nach der Geburt auf den Bauch der Mutter gelegt wird, der Ursprung jedes religiösen Gefühls ist. So wird uns außerdem auch noch die

Fähigkeit verwehrt, wahrhaft und tief religiös zu werden, Gott wahrhaftig zu dienen und uns eins zu fühlen mit unseren Mitmenschen.

* * * * *

Es gibt zwei Substanzen, mit deren Hilfe sich die negative Reaktion auf den Tröstbarkeitstest überwinden läßt. Eine davon ist ein Plazentakonzentrat. Sie werden feststellen, daß Sie den Tröstbarkeitstest nach Einnahme dieser Substanz bestehen. (Vgl. 6. Kapitel) Sie können jetzt sowohl Trost spenden als auch empfangen. Sie können sich nun wahrhaft mit Ihrer Mutter und mit all Ihren Lieben eins fühlen.

Wir haben auch herausgefunden, daß Rosenextrakt – als Rosenwasser oder Rosentee – die negativen Testergebnisse beseitigen hilft. Weshalb das der Fall ist, kann ich nicht mit Bestimmtheit sagen, habe es aber in Hunderten von Fällen bestätigt gefunden. Der Symbolgehalt der Rose ist in diesem Zusammenhang von großer Bedeutung. Die Rose ist seit der Zeit der alten Ägypter, Griechen und Römer das Symbol menschlicher Liebe, der Vollkommenheit oder der vollkommenen Liebe. Sie wird auch der „Himmlische Geist des Allerhöchsten" genannt.[3] Das persische Wort für Rose lautet *gul*, was soviel bedeutet wie *der mächtige Gott*. Und von W. B. Yeats sagt man, „er hielt die Rose für das Herz Gottes".[4] Die meisten dieser Eigenschaften werden in Verbindung mit dem Weiblichen gebracht. Dante drückt das wohl am besten aus, wenn er von der Rose als der „Königin der himmlischen Herrlichkeit" spricht.

Ich empfehle oft denjenigen, die beim Tröstbarkeitstest Probleme haben, mehrere Wochen lang Rosenextrakt einzunehmen, dabei jedesmal intensiv an die Mutter zu denken und zu affirmieren: „Mutter, ich liebe dich wirklich vollkommen. Danke, daß du mich geboren hast." Diese Affirmation sollte mit der Vorstellung, auf dem Bauch der Mutter zu liegen, Hand in Hand gehen. Am besten läßt sich dies in der Alexanderstellung durchführen, während gleichzeitig therapeutische Musik gespielt wird. (Vgl. Anhang 2)

Re-mothering läßt sich folgendermaßen durchführen: Die betreffende Person legt den Kopf in den Schoß ihrer Mutter, der Ehefrau oder eines anderen Mutterersatzes (ganz gleich welchen Geschlechts), nimmt ein Kissen in den Arm und wickelt sich in eine Decke. Sie nimmt einen Tropfen Rosenwasser und zusätzlich vielleicht auch eine Tablette RNS/DNS ein. Die „Mutter" nimmt sie in den Arm, und es wird therapeutische Musik gespielt. Die Person stellt sich vor, auf dem Bauch ihrer Mutter zu liegen, und affirmiert: „Mutter, ich liebe dich von ganzem Herzen. Danke, daß du mich geboren hast." Dann versucht sie, sich in den Urtraum hineinzuversetzen. (Vgl. 4. Kapitel) Das heißt sie stellt sich vor, durch einen Tunnel in eine Höhle oder etwas Ähnliches zu kriechen, wo sie in vollkommenem Frieden und dem Gefühl des Einsseins mit der Mutter ruht. Dabei lassen sich folgende Veränderungen feststellen: Sie entspannt sich.

Das Gesicht wird still und friedlich, manchmal so friedlich, wie wir das sonst nur bei zufriedenen Babys beobachten können. Der Atem wird tief und rhythmisch, und Sie werden (auch wenn sich das merkwürdig anhört) im allgemeinen beobachten, daß die jeweilige Person und die „Mutter" im gleichen Rhythmus atmen. Es ist ein unbewußtes Band zwischen ihnen entstanden. Ganz allmählich wird dann die Musik leiser gedreht und die Person zu der Vorstellung angeregt, aus ihrer Höhle zu krabbeln und ganz zufrieden auf dem Bauch der Mutter zu liegen. Kurz darauf seufzt sie im allgemeinen tief auf und lächelt, ober aber sie beginnt zu weinen. Danach fühlt sie sich wie neugeboren. Zum ersten Mal in ihrem ganzen Leben sind die Schranken und Hindernisse zwischen dem Selbst und der Mutter verschwunden. Sie fühlt sich eins mit der Mutter, eins mit allen ihren Lieben, eins mit Gott. Dies ist das erste und wichtigste Neuerleben der Mutterliebe.

Dein Schoß ist mein Heiligtum.
Du bist meine Zuflucht.
Meine Sicherheit
Mein Trost.

Die Rose ist Rätsel – wo findest du sie?
Ist sie denn wirklich? Entsprießt dem Boden sie?
Aus Erde geformt, entsprang doch des Menschen Auge
sie dort.
Und ihr Heim bleibt geheim, des Himmels Hort.

* * * * *

Duftet sie süß auch an jenem so heiligen Ort?
Dringt bis zu Gott, wird aus Süße dann Gnade dort:
Wird Hauch, der den ganzen Himmel durchfließe,
als Gnade, welche ist Nächstenliebe, welche ist
Liebe.

Gerard Manley Hopkins

3. Der Wunsch, die Mutter zu töten

Lassen Sie mich den Fall einer jungen Frau schildern, die ich einmal inständig darum bat, ihre Mutter doch zu lieben. Sie war Mutter eines erst wenige Monate alten Kindes. Ihr Sohn war mit verschiedenen Geburtsfehlern geboren worden, und es fiel ihr schwer, damit zurechtzukommen und außerdem auch noch die richtige Behandlung für ihn zu finden. Sie wurde depressiv. Sie fand es schwierig, ihrem Kind die entsprechende Pflege zukommen zu lassen und sich dabei auch noch um ihren Mann zu kümmern, der sich vernachlässigt fühlte. Es war, als müsse sie gleich zwei Babys versorgen. Sie fühlte sich nicht nur unzulänglich in bezug auf sich selbst, ihre Ehe und ihre Mutterschaft, sondern plagte sich auch noch mit Schuldgefühlen. Sie befürchtete, die Probleme ihres Kindes könnten als Folge ihres eigenen Verhaltens entstanden sein. Überdies war ihr bewußt, daß alles von ihr allein abhing. Sie allein hatte die Verantwortung für die Pflege und Behandlung ihres Sohnes. Das alles deprimierte sie sehr. Gleichzeitig war ihr auch klar, daß sie ihrem Kind nicht viel geben konnte, wenn sie so niedergeschlagen war. Ich wies sie darauf hin, daß ihre Mutter ihr und dem Kind doch viel helfen könnte, doch davon wollte sie nichts wissen. Statt dessen berichtete sie mir von ihren eigenen Problemen mit ihrer Mutter. Natürlich war ihre Mutter nicht perfekt. Aber sie verhielt sich ihrer Tochter und dem Kind gegenüber äußerst wohlwollend und hätte gerne nach besten Kräften geholfen. Doch ihre Tochter schob sie von sich; erlaubte ihr nicht, „sich einzumischen"; wollte sie nicht um ihre Probleme wissen lassen und wies ihre Hilfe zurück.

Dieses Kind wird bis zu einem gewissen Grad unter der Abweisung der Großmutter durch seine Mutter leiden. Je mehr Hilfe der jungen Mutter zukommt, je mehr Liebe und Unterstützung sie annehmen und weitergeben kann, desto besser für das Baby. Es ist traurig, daß dem Baby dies vorenthalten wird.

Die Großmutter fragt: „Warum weist meine Tochter meine Liebe zurück? Ich weiß, daß ich nicht alles richtig gemacht habe, und es ist auch nicht immer einfach, mit mir auszukommen, aber ich möchte wirklich helfen. Es tut so weh, wenn sie sich von mir abwendet. Warum macht sie das nur?" Ich frage sie daraufhin: „Wie stehen Sie denn zu *Ihrer* Mutter?" Und sie antwortet: „Ich komme überhaupt nicht mit ihr aus. Sie sagt mir ständig, was ich tun soll, und mischt sich dauernd ein. Ich bin nur froh, daß sie in Kalifornien wohnt und ich sie nicht sehr oft sehe. Ich will nicht einmal ihre Briefe lesen, denn die bedeuten nichts als Ärger. Ich mag meine Mutter wirklich nicht. Ich will nichts mit ihr zu tun haben." Wie kann sie von ihrer Tochter ein anderes Verhalten erwarten, als sie ihrer eigenen Mutter gegenüber an den Tag legt? Und wie kann die Tochter von ihrem Kind etwas anderes erwarten, als sie selbst *ihrer* Mutter zu geben bereit ist?

Vier Generationen sind hier unfähig, einander vollkommen zu lieben. Wo soll diese Kettenreaktion enden? Wann wird es einer von ihnen möglich, ihr Herz mit reiner Liebe für ihre Mutter zu füllen? Wann wird sich eine von ihnen von all dem Negativen freimachen und ihre Aufmerksamkeit stattdessen den herrlichen Gaben zuwenden, die sie von ihrer Mutter erhielt und an ihre eigenen Kinder weitergeben möchte? Wenn auch nur eine von ihnen ihr Herz der Mutter gegenüber öffnet und ihre Wut, ihren Groll und ihren Schmerz in Liebe umwandelt, wirkt sich diese Veränderung auf alle aus. Diese ständige Übertragung von der Vergangenheit auf die Zukunft läßt sich durchbrechen. Haß läßt sich in Liebe, in wahre Mutterliebe verwandeln.

Leider ist der Haß auf die Mutter, der gewöhnlich mit dem unbewußten Wunsch, die Mutter zu töten, Hand in Hand geht, gar nicht ungewöhnlich. Er entsteht als Grundproblem aus dem Geburtstrauma, das so gut wie alle von uns durchmachen müssen.

Sie werden jetzt wahrscheinlich einwenden, daß *Sie* keineswegs den Wunsch hegen, ihre Mutter zu töten; doch ist dieser bis zu einem gewissen Grad uns allen eigen. Er ist die Grundlage aller unserer Negativität, und aus ihm entstehen alle unsere psychischen Probleme. Gelingt es uns, diesen Haß zu überwinden und unsere Mutter wirklich zu lieben, lassen sich alle anderen Probleme abbauen; wir sind wieder „normal". Andernfalls werden wir nie „normal". Solange dieses Grundproblem nicht behoben ist, sind wir nie frei von psychischen Problemen. Wir geben uns vielleicht jede erdenkliche Mühe, um mit den anderen uns bekannten Problemen fertigzuwerden. Solange wir jedoch dieses eine Problem nicht gelöst haben, bleiben wir im Kern schwach. Nur wenn wir dieses Problem angehen und fortwährend an seiner Lösung arbeiten, wird es uns möglich, vollkommen zu lieben.

Praktisch jede Testperson testet auf die Aussage „Ich möchte meine Mutter töten" hin stark. Ich leite diesen Test immer mit der Erklärung ein, daß ein Teil von uns die Mutter liebt und ein anderer Teil die Mutter haßt. Wir müssen herausfinden, welcher Teil die Oberhand und die Kontrolle hat. Ich behaupte weder, daß Ihr ganzes Selbst die Mutter haßt, noch, daß Ihr ganzes Sein die Mutter liebt. Vielmehr gibt es da einen Teil in Ihnen, der die Mutter haßt, und dieser Teil bestimmt zur Zeit Ihr Leben und läßt Sie bei der Aussage „Ich möchte meine Mutter töten" stark bleiben. Sie mögen hier einwenden, das sei eine sehr extreme Behauptung. Sie geben vielleicht zu, Probleme mit ihr zu haben und – ja doch – sie nicht zu mögen; aber sie töten, – nein. Das geht zu weit. Darauf erwidere ich Ihnen, daß das Unbewußte nicht auf diese Weise funktioniert. Das Unbewußte kennt weder graduelle Einschränkungen noch Abweichungen. Es kennt nur Schwarz oder Weiß – Liebe oder Haß. Entweder Sie lieben Ihre Mutter, oder Sie hassen sie. Sie wollen sie töten oder am Leben erhalten. Das Unbewußte kennt keine Zwischenstufen. Da gibt es weder Schattierungen noch Feinheiten. Es ist entweder positiv oder negativ. Das Unbewußte ist ein binäres System. Und natürlich hat das Unbewußte die Kontrolle über uns und läßt sich beim Testen aufdecken. Das Testen muß sich deshalb auf die grundlegenden Emotionen beziehen: „Ich will meine Mutter töten" oder „Ich will, daß meine Mutter lebt und gesund ist".

Dieser Wunsch, die Mutter zu töten, ist die primitivste der zerstörerischen Kräfte in Ihrem Inneren. Er ist mehr als nur Haß. Er ist ein mörderischer Impuls, und es war die Anerkennung dieses Umstands, der Freud und Melanie Klein dazu veranlaßte, den Todestrieb zu postulieren.

Eigenartigerweise stieß ich bei den Tausenden von Leuten, denen ich im Lauf der Jahre den Wunsch, ihre Mutter zu töten, vor Augen führte, auf sehr geringen Widerstand. Einige sind anfangs etwas schockiert, akzeptieren aber, wenn sie die Möglichkeit erkennen, diesen Wunsch zu überwinden. Im tiefsten Inneren wissen sie, daß es wahr ist und daß sie nicht gesund werden können, solange die Dunkelheit in ihrem Inneren nicht beseitigt ist.

Lassen Sie mich schildern, wie ich David bei der Überwindung seines Todeswunsches für seine Mutter half. Ich forderte ihn auf, seine Frau Rita anzuschauen, und sagte: „Wissen Sie, Rita ähnelt Ihrer Mutter in vieler Beziehung." David protestierte. Ich sagte: „Doch, doch. Andernfalls wären Sie weder an ihr interessiert, noch könnten Sie sie lieben." Er sagte: „Ja. Wahrscheinlich haben Sie recht." Also bat ich ihn, Rita anzuschauen und genau das an ihr zu lieben, was ihn an seine Mutter erinnerte. Er betrachtete sie sehr ruhig, sehr gelassen und sehr nachdenklich ungefähr dreißig Sekunden lang. Dann sagte er: „Testen Sie mich noch einmal." Und in der Tat, jetzt liebt er seine Mutter.

4. Der Urtraum (I): Persönliche Erfahrungen

Im Alter von fünf Jahren litt ich an einer schweren Krankheit, derentwegen ich mehrere Monate lang im Krankenhaus lag. Ich erinnere mich ganz deutlich an den Tag, an dem ich in eine Art Beobachtungsstation im Krankenhaus gebracht wurde. Ein großes Glasfenster blickte auf den Gang. Meine Eltern, besonders meine Mutter, schauten lange durch das Glas zu mir herein. Als sie weggingen, fühlte ich mich sehr einsam. Ich setzte die Kopfhörer des am Bett installierten Radios auf und hörte einen damals beliebten Schlager: „Du bist der einzige Stern an meinem Himmel." Und ich weinte. Für mich war meine Mutter dieser Stern. Während meines Krankenhausaufenthalts sang ich dieses Lied oft vor mich hin und tröstete mich mit dem Gedanken an meine Mutter. Jedesmal, wenn ich im Lauf der Jahre dieses Lied im Radio höre, entsteht wieder das Gefühl der Liebe, der Sicherheit und des Verlangens, das ich beim ersten Mal empfand. Es trug mich. Es war wirklich. Meine Mutter war bei mir, obwohl sie nicht da war.

Wenn ich mich richtig erinnere, lautet der Text:

Du bist der einzige Stern an meinem Himmel.
Du bist der einzige Stern in Sicht.
Du bist der einzige Stern an meinem Himmel.
Scheinst nur für mich dein schönes Licht.
Nur du allein erhellst die Nacht,

Und ohne dich bin ich allein.
Du bist der einzige Stern an meinem Himmel.
Scheinst nur für mich dein schönes Licht.

Es war und ist ein Liebeslied an meine Mutter. Sie war mein strahlendes Licht; auch wenn sonst alles noch so dunkel und deprimierend war, war ihr Licht für mich da, wenn ich mich einsam fühlte. Fern zwar, leider, aber immer da.

Im Krankenhaus wurde ich mehrmals narkotisiert und hatte dabei jedesmal dasselbe Erlebnis. Mein Kopf begann sich zu drehen und wurde zum Wirbel. Ich sah in ihn hinein, aber niemals ganz bis auf den Grund. Der Kopf einer Frau wirbelte in langsamen Kreisen immer tiefer nach unten. Es war das Gesicht meiner Mutter, und ihr Haar flatterte im Wind. Ich folgte ihrem Gesicht immer tiefer hinab in den Wirbel, bis ich vollständig bewußtlos war.

Ich hatte dieses gleiche Erlebnis nicht nur regelmäßig damals im Krankenhaus, sondern auch Jahre später bei weiteren Narkosen. Immer folgte ich diesem schönen, idealisierten Gesicht meiner Mutter immer tiefer in den Wirbel hinab. Warum dieser Traum so beharrlich war, weiß ich auch nicht. Bis zu einem ziemlich großen Grad spiegelte er die Gefühle für meine Mutter wider, mein Idealisieren ihrer Schönheit, meine Sehnsucht nach immer mehr Nähe und den Wunsch, mit ihr eins zu sein.

Das Lied und der Traum entstanden aus meiner schrecklichen Einsamkeit. Trotz seiner fröhlichen Ausgestaltung (sogar die Wände waren mit Trickfiguren bemalt) war das Krankenhaus doch sehr beängstigend. Da war ein Lied schon ein großer Trost.

Die Angst wurde durch die schrecklichen Narkosen noch erhöht. Unbeweglich auf dem Operationstisch liegend, harrte ich der furchterregenden Dinge, die man mir antun würde. Mir blieb nichts anderes übrig, als meine Persönlichkeit aufzugeben und mich ihnen zu ergeben. Mich hilflos in die Überwältigung meines Bewußtseins zu schicken, damit mir die Schmerzen erspart blieben. Und dann träumte ich von meiner Mutter.

Ich erinnere mich auch, daß ich beim Wiedererlangen des Bewußtseins, noch ganz verwirrt und halb im Schlaf, meistens meine Mutter sah, die mich liebevoll anlächelte und meine Hand hielt. Ich öffnete die Augen, und sie war da, lächelnd und voll unsagbar tröstender Liebe, und erfüllte mich mit überwältigender Zuversicht.

Beide Erfahrungen weisen auf das hin, was ich als den Urtraum verstehe.

Bis zu ihrer letzten Krankheit lebte die Mutter meiner Mutter einige Jahre bei uns. Sie war eine winzige, sanfte, liebe Frau, die ihr Leben lang unter starken Herzbeschwerden zu leiden hatte, die ihr das Leben einer Invalidin aufzwangen.

Sie wohnte in einer Kammer, die mein Vater für sie an unser Eßzimmer angebaut hatte, gerade groß genug für ihre Kommode und ihr schmales Bett. Ich erinnere mich nicht daran, aber meine Mutter erzählte mir, daß ich oft bei ihr im Bett lag, ihre Hand hielt und sagte: „Oma, werden wir beide denn je gesund?" Meine Gesundheit besserte sich allmählich, ihre nicht. Im Lauf der Jahre wurde sie immer schwächer, war dabei aber immer fröhlich, liebevoll und lächelte immer.

Abends saß ich oft auf ihrem Bett, und wir hörten zusammen Radio. Ihr Lieblingsprogramm, „Dr. Mac", war die Geschichte eines liebenswürdigen, altmodischen Landarztes. Damals, als ich mit meiner Großmutter den Geschichten von Dr. Mac lauschte, entstand mein Entschluß, Arzt zu werden. Ich erinnere mich auch, daß ich oft bei ihr am Bett saß und mit ihr sang. Ihr Zimmer war immer von Liebe, Frieden und Heiterkeit erfüllt, obwohl wir beide wußten, wie sehr sie litt. Ihre Kammer war mein Heiligtum, meine geheime Höhle. Wenn es mir schlecht ging, brauchte ich nur in ihr Zimmer zu gehen, um Liebe und Harmonie zu finden. Ihre letzten Monate verbrachte sie im Krankenhaus. Aber sogar dann ging ich häufig in ihr Zimmer und setzte mich auf ihr Bett, als sei sie immer noch da.

Nicht lange nach ihrem Tod zogen wir in ein anderes Haus. Aber noch Jahre später konnte ich in der Erinnerung in ihre Kammer gehen, um in ihrer Gegenwart Frieden und Liebe zu empfinden. Es war wie in einer Kirche. Auch dies weist in die Richtung des Urtraums. Wir alle haben einen Ort der Stille, ein Heiligtum. Tiere haben ihren Bau, die Vögel die Nester. *Wir* haben unsere geheimen Höhlen, unsere Meditationszimmer, unsere Kirchen. Einen Ort, an den wir uns zurückziehen, wenn es uns nicht gut geht und wir uns fürchten.

Einen Ort, an dem wir uns vollkommen geschützt, sicher und geliebt fühlen. Dieser stille Ort der Liebe und unendlichen Sicherheit, Ruhe und Harmonie ist Teil des Urtraums.

5. Der Urtraum (II)

Wo die psychoanalytische Traumdeutung endet, wird in den meisten Fällen wohl ziemlich willkürlich festgelegt. Je mehr der einzelne Traum bearbeitet wird, desto mehr läßt er sich – scheinbar endlos – enträtseln. Wo die Traumdeutung aufhört, hängt eher vom Analytiker ab als vom Traum. Kurt Eissler bemerkt dazu, daß „jeder Traum in der Tiefe seiner Bedeutung unendlich ist und die Traumdeutung niemals mit Sicherheit als abgeschlossen betrachtet werden kann".[5] Maynard Solomon entwickelt diesen Gedanken weiter und bemerkt: „Deshalb kann die Analyse eines einzigen Traums letztendlich die gesamte Persönlichkeit und Phantasiewelt des Träumers enthüllen."[6] Und Otto Rank ging in seiner Meinung, es gebe für alle Träume nur *eine* grundlegende Auslegung, noch weiter. Er glaubte, „daß Träume universell entweder den Wunsch ausdrücken, in den Schoß der Mutter zurückzukehren, oder die Angst, dazu nicht fähig zu sein".[7]

Geza Roheim, der das Konzept vom Urtraum formulierte, versteht diesen zentralen Kern aller Träume, dem dann „andere Schichten hinzugefügt werden"[8], wohl am besten. Fast alle Träume enthüllen, wenn man sie ganz durchanalysiert, den Wunsch, in den Schoß der Mutter zurückzukehren.

Hier sind einige von Roheim angeführte Urträume:

*Ich gehe einen Abhang hinunter. Es ist wie
ein Traum. Ich trete in etwas ein. Es ist eine
Vagina.*

*Ich befinde mich in zwei braunen Kokons. Es
ist gemütlich, und ich fühle mich vollkommen
entspannt.*

*Ich spiele mit der Brust einer Frau ... Dann
sehe ich die Vagina meiner Mutter. Es fühlt
sich an, als fiele ich in sie hinein.*

Diese Beispiele von Urträumen sind ziemlichaugenfällig. Obwohl die meisten unserer Träume
nicht so offensichtlich sind, findet sich bei der
Analyse jedoch immer ein Bestandteil des zugrundeliegenden Urtraums.

Beim Urtraum handelt es sich oft um Träume
von Wasser, das Eintauchen in Wasser, das
Schwimmen unter Wasser, das Treiben im Wasser,
– was den Zustand in der Gebärmutter widerspiegelt und uns an unsere mythologische Verbindung
mit *Thalassa*, der Meeresgöttin, erinnert. Hier ist
auch die Tatsache von Bedeutung, daß die französischen Wörter *la mer* (das Meer) und *la mère* (die
Mutter) denselben Ursprung haben.

Oft schildert ein offensichtlicher Urtraum eine
Reise, zum Beispiel das Kriechen durch einen
Tunnel, und dann die Ankunft an einem warmen,
freundlichen, von Liebe erfüllten Ort.

Im folgenden wird meiner Meinung nach der
perfekte Urtraum beschrieben: Ein Mann stieg im

Traum eine Schiffsleiter empor und fand – oben angekommen – ein wunderschönes, warmes Nest. Als er sich ins Nest legte, fühlte er sich friedlicher und sicherer als je zuvor in seinem Leben. Er berichtete, daß seither ein Wandel zum Besseren bei ihm eingetreten sei.

Dieser Traum zeigt die beiden Elemente, die Reise durch eine enge Passage oder das Auf- und Absteigen einer Leiter oder eines Strudels und dann das Eintreten in ein warmes, ganz sicheres und von Liebe erfülltes Heiligtum. Wenn man Träume so lange analysiert, bis dieses Grundelement zutage tritt, bleibt wenig Zweifel, daß hinter den meisten Träumen das steckt, was Roheim den Urtraum nennt. Und man stimmt auch gern mit Otto Rank darin überein, daß allen Träumen der Wunsch, in die Gebärmutter zurückzukehren, zugrunde liegt. Dieser Wunsch äußert sich in jeder Nacht unseres Lebens, wenn wir träumen. Das ist das Wiedererleben der Mutterliebe, das die Natur für uns bereithält.

Nach Freud ist „der Schlaf die Reaktivierung des Zustandes im Uterus. Es herrscht Ruhe, Wärme, und es sind keine Reize vorhanden. Viele Menschen schlafen sogar in der Embryonalstellung".[9] Jede Nacht kehren wir im Traum an unseren Ursprung zurück, an den sichersten, geschütztesten, friedlichsten, mit der meisten Liebe erfüllten, den vollkommensten aller Orte, den Himmel auf Erden – den Schoß der Mutter. Diese nächtliche Rückkehr ermöglicht uns, den Streß in unserem Leben zu überleben. Die Traumperiode im

Schlaf ist eine Aktivität der rechten Gehirnhälfte und für die meisten von uns der Ausgleich für das Überwiegen der linken Gehirnhälfte, das aus unserer Beschäftigung mit den Erfordernissen des täglichen Lebens entspringt. Träume sind in erster Linie dazu da, uns zu unseren Ursprüngen zurückzuführen. Dort erneuern wir unsere Energie, gleichen Unregelmäßigkeiten beim Atmen aus und erleben vollkommene Liebe und Sicherheit. Jeden Morgen werden wir für die Aktivitäten des neuen Tages neu geboren.

* * * * *

Kennen Sie das Gefühl, das sich manchmal vor dem Einschlafen oder direkt nach dem Aufwachen einstellt, den Zustand zwischen Wachen und Schlafen? Die Glieder scheinen vom Körper wegzuschweben, der Körper scheint gar nicht vorhanden zu sein. Der Atem geht vollkommen entspannt. Es ist ein Gefühl der Schwerelosigkeit, des Schwebens, des vollkommenen Friedens, in dem man sich weder des Ich noch der Welt bewußt ist. Alles ist einfach so, wie es ist. Man nennt dies den hypnagogischen Zustand. In Wirklichkeit ist es aber eine Ahnung dessen, was man das *ozeanische Gefühl* nennt. Eidelberg definierte das ozeanische Gefühl als „das Gefühl der Einheit mit Gott, der Natur oder dem Universum; es ist die Quelle jeglicher religiöser Regung".[10] Romain Roland beschreibt es Freud gegenüber als „Empfinden der Ewigkeit, das Gefühl von etwas Unendlichem, Grenzenlosem – als wäre es ‚ozeanisch'".[11]

Das Wort *ozeanisch* ist treffend. Es erinnert uns daran, daß wir aus dem Wasser kommen. Und es erinnert uns durch seine Abstammung an *Okeanus*, den Homer den Ursprung der Götter und den Ursprung alles Bestehenden nannte. Er war der Urgott aus dem Wasser, der „über unerschöpfliche Zeugungskräfte verfügte", der „zwischen den Welten und im Jenseits"[12] zu Hause war – zwischen dem Wachen und dem Schlafen, zwischen der Welt außerhalb und innerhalb des Mutterschoßes, die wir entweder als Baby oder nächtlich im Urtraum erleben. Das ozeanische Gefühl ist Ekstase und tiefe religiöse Anbetung.[13] Es ist dem von Bucke beschriebenen kosmischen Bewußtsein nahe verwandt.[14]

Meiner Meinung nach entsteht das religiöse, das ozeanische Gefühl jedoch nicht während der Zeit im Fruchtwasser, sondern erst nachdem wir die Angst und Not der Geburt hinter uns gebracht haben. Das englische Wort *fear* (Angst) leitet sich von Wörtern ab, die mit Reisen zu tun haben und auch mit Auflauern im Hinterhalt.[15] Die Grundbedeutung von Angst verweist also auf die Gefahr eines plötzlichen Hinterhaltes beim Reisen – in diesem Fall bei der Reise durchs Leben. Genau das geschieht dem Baby, dessen ganzes vorheriges Leben in unschuldigem Frieden verlief, wenn es den Geburtskanal durchquert. Es sieht sich plötzlich der Brutalität ausgesetzt. Wellen von Kontraktionen unterbrechen das Schweben im Fruchtwasser. Das Kind, das durch den Geburtskanal geschoben und gedrückt wird, lernt so die Angst kennen.

Wenn die Geburt nicht sanft verläuft, wird es diese Angst nie mehr los. Bei einer sanften Geburt läßt sie sich möglicherweise überwinden. Eine sanfte Geburt haben heißt die Geburt als heiliges Ritual betrachten, sich liebevoll, still und friedvoll fühlen. Die Geburtshelferin ist sich der Angst des Babys sehr wohl bewußt und legt es sorgsam und ehrfürchtig auf den Leib der Mutter, so daß es nun außen auf seinem bisherigen Zuhause liegt. Die Nabelschnur pulsiert noch. Die Verbindung zur Mutter besteht weiter. So liegt das Kind entspannt auf dem Bauch der Mutter und empfindet deren vollkommene Liebe, wenn auch jetzt auf andere Art, empfindet das Geborgensein in ihrer Liebe nach der Angst der Reise. Die Angst war notwendig. Sie befähigt das Kind, Liebe zu empfinden. Und jetzt erlebt es das ozeanische Gefühl, das vollständige Verschmelzen mit der Mutter, die Einheit, die Universalität, die absolute und totale Harmonie, das vollkommene Band, den *Syndesmos.* Das ist der Beginn des ozeanischen und jeden religiösen Gefühls.

Wenn sich das Kind nach einer Weile beruhigt hat und nun gebadet wird, erinnert es sich an sein Leben im Mutterleib und beginnt – vermutlich wie in der Fruchtblase – im Wasser zu spielen. Zu diesem Zeitpunkt erlebt das Baby zum erstenmal den Urtraum.

Wie können wir uns die Erkenntnis Leboyers und das Auffinden des Urtraums zunutze machen? Ganz einfach. Stellen Sie sich jeden Abend, wenn Sie bequem im Bett liegen und auf den Schlaf warten, diesen Zustand der vollkommenen Liebe, des Einsseins mit der Welt vor, den Sie bei der Geburt hätten erfahren sollen. Stellen Sie sich vor, Sie lägen vollkommen friedlich und noch durch die Nabelschnur mit der Mutter verbunden auf deren Bauch. Sie haben die angsterfüllte Reise durch den Tag gerade hinter sich gebracht, und jetzt liegen Sie in den Armen Ihrer Mutter, und alles ist wieder gut. Überlassen Sie sich dem ozeanischen Gefühl. Erleben Sie den Ursprung jeden wahren religiösen Gefühls. Es ist Ihr Geburtsrecht.

Der Urtraum läßt sich auf verschiedene Weisen aktivieren. Suchen Sie sich die aus, die Ihnen am besten gefällt.

Stellen Sie sich zum Beispiel vor, in eine wunderschöne, von Liebe erfüllte Höhle einzutreten. Sie ist erfüllt vom Klang vollkommener Stille und von nichts als Liebe. Oder stellen Sie sich vor, in einer Kristallgrotte unter Wasser einzutauchen, oder was immer Ihnen sonst auch gefällt.

Und lassen Sie sich Zeit, wenn Sie am Morgen aufwachen. Bleiben Sie einen Augenblick liegen, und kehren Sie aus dem Urtraum, der Geburt, zurück, und stellen Sie sich vor, auf dem Bauch der Mutter zu ruhen, im Zustand vollkommener Liebe und der vollkommenen Verbundenheit mit ihr und der Welt. Alles ist eins, und Gott ist Liebe. Stehen Sie erst auf, wenn Sie bereit dazu sind, und bereiten Sie sich auf den Tag vor. Dieser Tag wird anders sein als alle davor, denn von nun an beginnen Sie Ihre Tage nicht mehr allein und *gegen* die Welt, sondern im Einklang und *mit* der Welt.

Lassen Sie sich von dem religiösen Gefühl, das Sie auf dem Bauch Ihrer Mutter neu entfachten, den ganzen Tag lang begleiten, und Sie sind nie wieder allein.

Und wann immer Sie sich im Verlauf des Tages gestreßt oder beängstigt fühlen, wann immer etwas schiefgeht, versetzen Sie sich zurück in das ozeanische Gefühl, in den Urtraum – und die Situation ist leicht bewältigt. Liebe überwindet alles Negative. Das ozeanische Gefühl und der Urtraum sind reine, universelle Liebe.

Unsere religiösen Bemühungen, unser Streben, unsere Suche nach Gott und Güte, unsere Liebe zur Natur, unser Streben nach wahrer Gesundheit, unsere Nächstenliebe – alles das ist Ausdruck unseres leidenschaftlichen Sehnens nach dem Gefühl auf unserer Mutter Bauch. Dies voll zu erleben gelingt nur wenigen, versuchen können wir es aber alle – und den Anfang dazu machen wir mit dem Urtraum. Und durch das Gefühl des vollständigen Einsseins mit der Mutter werden wir das ozeanische Gefühl erleben und Gott finden.

6. Die Plazenta

Viele Tiermütter und die Mütter in vielen der sogenannten primitiven Völker verzehren nach der Geburt die Plazenta. Man nimmt an, dies geschieht deshalb, weil sie die am leichtesten erreichbare Nahrungsquelle darstellt. Es muß sich dabei aber um noch mehr handeln als nur das. Es muß ein Instinkt vorhanden sein, der die Mutter dazu anleitet, den Mutterkuchen aller anderen zur Verfügung stehenden Nahrung vorzuziehen.

Mein Vorschlag lautet, daß die Mutter die Plazenta nicht für sich, sondern um ihres Babys willen ißt. Bis zum Zeitpunkt der Geburt führte das Kind ein glückseliges Dasein im Wasser. Plötzlich wird es grob gestoßen, gedrückt, verformt und aus seinem Paradies in eine neue, furchterregende Welt ausgestoßen. Das ist eine Zeit so tiefer Angst und Not, wie wir sie sonst nie wieder erleben. Und doch läßt sich die Angst schnell auslöschen, wenn wir anschließend die vollständige Wiedervereinigung auf dem Bauch der Mutter erleben. Wir fühlen uns erneut vollkommen eins mit ihr. Doch jetzt kennen wir die Trennungsangst, die Angst vor dem totalen und anaklitischen Verlust. Jetzt sind wir uns der Mutter bewußt wie noch nie zuvor. Jetzt wissen wir sowohl um Trennung als auch um Wiedervereinigung. Während wir so daliegen, spüren wir ihre Haut, ihre Hände, hören den Pulsschlag ihres Blutes und ihren Atem wie vorher, und doch klingt es anders.

Was das Kind zu Beginn des Lebens am allernotwendigsten braucht, ist das vollständige Einssein mit der Mutter.

Wenn die Mutter die Plazenta ißt, gelangt vielleicht irgend etwas, ein Protomorphogen vielleicht, durch ihre Milch wieder zum Kind und trägt auf irgendeine Art und Weise zur Wiedervereinigung bei. Dies entgeht dem Baby, wenn die Plazenta wie allgemein üblich in den Abfall geworfen wird.

* * * * *

Wir fühlen uns fast alle bei der Vorstellung unwohl, uns von jemandem trösten zu lassen oder jemanden zu trösten, oder auch wenn wir uns vorstellen, von der Mutter oder dem Ehepartner in den Arm genommen zu werden, wenn es uns schlecht geht. Wir können den Gedanken, Trost zu spenden oder zu brauchen, nicht ertragen. Dies gilt für uns alle, die wir unsanft geboren wurden. Es ist uns nicht möglich, unsere Mutter oder Gott richtig zu lieben. Wenn wir nicht nach der Liebe unserer Mutter, dieser göttlichsten aller Manifestationen, greifen und eine solche Liebe von anderen annehmen können, sind wir nicht in der Lage, uns mit Gott, anderen oder uns selbst eins zu fühlen. Wir sind dazu verurteilt, das Leben als die übliche Misere zu empfinden.

In einem solchen Fall ist das Einnehmen von Plazentakonzentrat sehr wirksam. Danach sind viele Menschen zum erstenmal im Leben fähig, ihre Mütter richtig zu lieben und sich auch selbst richtig lieben zu lassen.

Die unsanfte Geburt war nicht die Schuld deiner Mutter. Sie hätte dich instinktiv gerne auf ihren Bauch gelegt. Aber man nahm dich ihr weg, wickelte dich stramm und legte dich in die Säuglingsabteilung. Deiner Mutter tut das heute noch leid. Wenn du ihr zeigst, daß du sie liebst, und sie fühlt, daß du Trost brauchst, reagiert sie darauf, ganz gleich wie alt sie inzwischen ist. Sie möchte dich immer noch liebend gerne auf den Schoß und in den Arm nehmen, dir Zuversicht einflößen und sich mit dir eins fühlen. Wenn du es zulassen kannst, daß sie dich tröstet, fühlst du dich für den Rest deines Lebens anders. Du hast dir dein Geburtsrecht zurückerobert. Du bist fähig, dich mit deiner Mutter und mit Gott eins zu fühlen.

Nach der Einnahme von Plazentakonzentrat und wenn sie der Mutter ihr Herz öffnen, berichten viele Menschen von wunderschönen Re-mothering-Erlebnissen. Die Haltung zum Ehepartner verändert sich, und die Liebe, die man spürt, ist intensiver, als man je für möglich gehalten hätte. Allerlei psychische und physische Veränderungen stellen sich ein.

Liebe ist die einzige Heilkraft. Liebe entsteht, während wir nach der Geburt auf dem Leib unserer Mutter ruhen. Das wird uns vorenthalten. Durch das Einnehmen von Plazentakonzentrat läßt sich dieser Mangel ausgleichen, und wir können uns wieder eins mit der Mutter fühlen. Es wirkt so ähnlich, wie wenn die Mutter die Plazenta zu sich

49

nimmt, sie dem Kind durch die Milch wieder zufließen läßt und so dem Kind hilft, sich ganz mit ihr wieder zu vereinen, sich ganz eins zu fühlen mit ihr, eins mit Gott.

7. Mutterliebe, Test II:
Der Nährtest

Nachdem sich das Neugeborene auf dem Bauch der Mutter beruhigt hat, wird es an die Brust gelegt. Das Stillen ist der Beginn einer neuen Beziehung. Mutter und Kind bilden beim Stillen ein Paar.

Die meisten Leute testen schwach, wenn sie sich in diese Lage zurückversetzen, denn eine von vollkommener Liebe bestimmte Beziehung beim Stillen ist nur möglich, wenn die Phase davor, der noch ursprünglichere Zustand auf dem Bauch der Mutter, perfekt war. Wenn dieser erste Entwicklungsschritt nicht von vollkommener Liebe erfüllt war, überträgt sich dieses Problem auf das Stillen, und natürlich können hier alle möglichen Schwierigkeiten auftauchen und das eigentliche Problem noch vertiefen.

Es gibt mehrere auf diese Entwicklungsphase bezogene Tests. Der erste besteht darin, daß die Testperson sich vorstellt, genährt und bemuttert zu werden, an der Brust der Mutter zu liegen oder sich von jemandem füttern zu lassen. Sie könnte sich vorstellen, daß jemand alles für sie tut, sie mit allem Lebensnotwendigen versorgt. Sehr wahrscheinlich testet sie dabei schwach. Beim Betrachten einer Brustwarze testet sie entweder beim einfachen Muskeltest oder beim Nabeltest schwach – dasselbe ergibt sich auch bei einer symbolischen

Darstellung der Brust mit Brustwarze, einem Kreis mit einem Mittelpunkt. (S. 53)

Es wird sich außerdem erweisen, daß der Anblick eines Kindes, das gerade gestillt wird, zu einem schwachen Testergebnis führt. Das Bild der Brust einer Frau allein zieht jedoch für gewöhnlich kein schwaches Testergebnis nach sich. Nur wenn die Brüste wie bei den typischen *Playboy*-Modellen sehr groß sind, fällt der Test bei den meisten männlichen oder weiblichen Testpersonen schwach aus. Das kommt daher, daß eine sehr große Brust an eine stillende Brust erinnert, und das ist ein Problem. Wie können wir sicher sein, daß eine Frau beim Betrachten eines Bildes einer großbrüstigen Frau nicht nur deshalb schwach testet, weil sie mit ihren eigenen Brüsten nicht zufrieden ist?

Was sagt uns, daß sie beim Bild einer stillenden Frau nicht nur deshalb schwach testet, weil sie sich wünscht, an deren Stelle zu sein? Mit einem einfachen Verfahren läßt sich aufzeigen, daß sich der Test nicht auf die eigenen Brüste, sondern auf die Einstellung zu den Brüsten der Mutter bezieht. Mit anderen Worten: Es läßt sich beweisen, daß diese Tests sich auf die frühen Phasen der Kindheit der Testperson beziehen. Lassen Sie eine Frau, die schwach testet, beim Test „Ich liebe meine Brüste" oder „Ich bin mit meinen Brüsten zufrieden" sagen. Sie testet dabei immer schwach. Sagt sie aber „Mutter, ich liebe dich. Danke, daß du mich genährt hast", testet sie stark. Dieser Test zeigt, daß es nicht die eigenen Brüste sind, die die

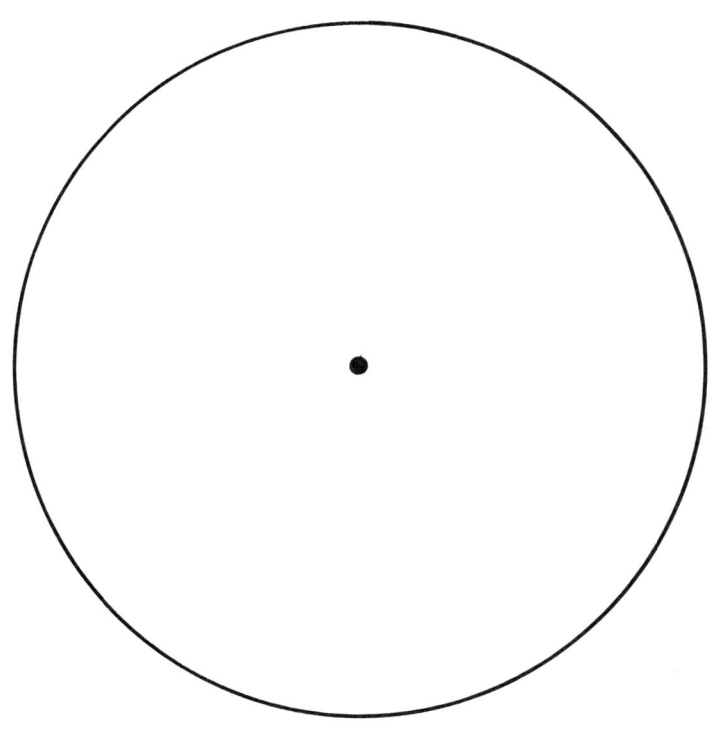

53

Unzufriedenheit hervorrufen, sondern die Art, wie sie durch ihre Mutter genährt wurde.

In der Eingangshalle des Krankenhauses, in dem ich einmal arbeitete, war ein großes Gemälde, dem sich jeder, der das Krankenhaus betrat, gegenüberfand. Es stellte einen armen, kranken Mann dar, der sich niedergeschlagen auf seinen Stab stützte. Über ihm schwebte eine schöne Mutterfigur, die ihm ihre nackte Brust anbot. Der Titel lautete „Caritas", der Inbegriff christlicher Nächstenliebe. Und doch versagen – beeindruckt durch das brutale Geburtserlebnis – so viele von uns bei diesem Test. Wir sind nicht in der Lage, diese nährende, unterstützende, lebenspositive Liebe zu geben, wie sehr wir uns auch darum bemühen, Christus nachzueifern. Noch sind wir imstande, sie zu empfangen. Wir sind unfähig, von Herzen und wahrhaft aufbauend zu lieben, unfähig, uns so lieben zu lassen.

Wenn wir so negativ sind, spricht nur der Kopf und nicht das Herz, wenn wir bei Tisch das Dankesgebet sagen. Weder kann die Frau das Essen mit reiner Liebe anbieten, noch kann der Mann es annehmen. Wir sind nicht einmal in der Lage, selbst diejenigen, die wir lieben, so rein zu lieben, so zu umsorgen und zu unterstützen, so in ihrer Entwicklung zu fördern, wie wir gerne wollen. Es ist uns nicht möglich, ihnen alles zukommen zu lassen, was wir ihnen gerne gäben. Denn wir sind von Geburt an der wahren Liebe unfähig. Wir können die Mutter erst dann rückhaltlos lieben, wenn wir auch ihre Brust, ihre Milch und ihre

Fürsorge lieben. Auch sind wir außerstande, Mütter zu sein. (Lassen Sie uns den Umstand nicht vergessen, daß auch Männer eine sehr wichtige Rolle bei der Fürsorge in der Familie und Gesellschaft spielen.) Erst nach der Überwindung der Schwierigkeiten, die beim Stillen die vollkommene Liebe zwischen der Mutter und uns blockierten, können wir Fürsorge sowohl annehmen als auch geben.

Es überrascht nicht, daß hier in erster Linie der Magenmeridian betroffen ist. Schließlich ist der Magen das Organ, das die Milch empfängt, verdaut und auf den Weg zur weiteren Aufnahme in den Körper schickt. Das Einnehmen von Magenschleimhautkonzentrat hilft Ihnen deshalb auch beim Überwinden von Problemen beim Fürsorgetest.

Auch das Einnehmen von Hirnanhangdrüsenextrakt hilft negative Testergebnisse überwinden. Weshalb das so ist, kann ich nicht mit Sicherheit sagen, obwohl der beträchtliche Einfluß der Hirnanhangdrüse auf den Milchfluß bewiesen ist. Auch Himbeerblätter (*Rubus strigosus*) haben, als Tee oder Extrakt verabreicht, eine positive Wirkung. Himbeerblätter werden schwangeren Frauen schon seit eh und je zur Vorbereitung auf die Mutterschaft empfohlen. Meine Tests legen die Theorie nahe, daß sie der Mutter die totale Fürsorge beim Stillen ermöglichen. Das Baby, dem der Extrakt durch die Milch zufließt, wird dadurch seinerseits befähigt, die Fürsorge der Mutter und ihre mütterliche Liebe anzunehmen.

Denjenigen unter unseren Schülern, die mit diesem Aspekt der neuerlebten Mutterliebe Schwierigkeiten haben, empfehlen wir, mehrmals täglich Hirnanhangdrüsenextrakt, Magenschleimhautkonzentrat und Himbeerblättertee einzunehmen und dann, während sie still dasitzen und therapeutische Musik hören, sich in Gedanken ihre Mutter vorzustellen, an deren Brust zu liegen und bei sich zu sagen: „Mutter, ich liebe dich. Danke, daß du mich ernährt hast."

Das Re-mothering-Erlebnis für diese Fälle ähnelt demjenigen, das wir für den ersten Test der Einstellung zur Mutterliebe, den Tröstbarkeitstest, einsetzen. Wieder liegt die Testperson in den Armen ihrer Mutter, ihres Ehepartners oder einer Ersatzperson. Doch legt sie diesmal den Kopf auf die Brust, und zwar am besten mit dem Ohr an der Brust, so daß sie die Herztöne und Atemgeräusche der „Mutter" hört. Wieder wird sie in eine Decke gewickelt, nimmt die entsprechenden Substanzen ein und hört therapeutische Musik. Sie stellt sich dabei vor, an der Brust ihrer Mutter zu liegen, und wiederholt bei sich: „Mutter, ich liebe dich. Danke, daß du mich ernährt hast." Ich gebe ihr außerdem einen Schnuller, damit sie bei dieser Erfahrung saugen kann, als läge sie wirklich an der Brust ihrer Mutter.

Bei Ehepaaren läßt die Ehefrau den Gatten idealerweise tatsächlich an ihrer Brust saugen. Auch ein Ehemann, der seiner Frau bei der Bewältigung dieses Problems helfen will, hält seine Frau im Arm, während sie an seiner Brustwarze saugt.

Dies kann ein sehr tiefes und sehr schönes Erlebnis sein. Sie werden feststellen, daß die Testperson unregelmäßig atmet und anfangs auch unregelmäßig und unsanft saugt, sich dann aber beruhigt. Das Saugen spielt sich dann auf einen schönen, ruhigen Rhythmus ein, der mit der Musik fließt und sich mit dem gemeinsamen Atemrhythmus, der bald zwischen dem Baby und der Mutter entsteht, synchronisiert.

Danach herrscht ein Gefühl tiefer Stille und Zufriedenheit. Am wichtigsten aber ist, daß die Testperson von einem ganz neuen Verständnis für ihre Mutter berichtet. Sie fühlt sich ihr gegenüber vielleicht zum ersten Mal richtig dankbar, und wenn sie nun sagt „Mutter, ich liebe dich. Danke, daß du mich ernährt hast", klingt ihre Stimme ganz anders, denn sie kommt von Herzen. Sie liebt ihre Mutter nun innig und ist dankbar für all ihre Fürsorge. Sie liebt ihre Mutter nun wirklich voll und ganz und damit auch alle ihre anderen Lieben.

Dein ist der Rhythmus des Lebens.
Dein Atem ist der Atem des Lebens.
Dein Atem ist mein Atem.
Der Geist fließt durch dich.

8. Mutterliebe, Test III: Der Kaurimuscheltest

In vielen Kulturen wird die Kaurimuschel als weibliches Symbol verehrt. Die Unterseite der Kaurimuschel ähnelt einer Vulva. Was ergibt sich, wenn wir jemanden beim Betrachten einer Kaurimuschel oder deren Wiedergabe als Kreis mit zwei senkrechten Linien testen? (vgl. S. 61)

Bei fast allen Frauen fällt der einfache Muskeltest oder der tiefergehende Nabeltest dabei stark aus; bei den meisten Männern hingegen schwach. Der Umstand, daß sich dasselbe Ergebnis beim Betrachten einer entblößten Vulva auf Fotografien aus dem *Playboy* oder ähnlichen Magazinen einstellt, bestätigt die Annahme, daß die Kaurimuschel eine Vulva symbolisiert.

Warum tritt diese Schwäche auf? Wir finden die Antwort, wenn wir den Mann mit dem schwachen Testergebnis sagen lassen: „Mutter, ich habe keine Angst vor dir." Es wird nicht vorkommen, daß er dabei stark testet! So erkennen wir, daß die Angst vor den Genitalien der Frau, wie die psychoanalytische Forschung das schon immer behauptet, auf die Angst vor der Mutter zurückgeht. Psychoanalytiker nennen dies das Syndrom der gezähnten Vagina.

Es ist uns nun klar, daß die Angst ein Leben lang erhalten bleibt und sich offensichtlich sehr tiefgreifend auf die Fähigkeit des Mannes auswirkt, seine Ehefrau wahrhaft zu lieben und ihr beim Liebesakt vollkommen angstfrei und nur voller Liebe zu begegnen. Ich fand heraus, daß fast alle Männer mit sexuellen Problemen bei diesem Test versagen. In den meisten Fällen stellt sich, nachdem dies durch das Neuerlebnis der Mutterliebe behoben wurde, eine entschiedene Erleichterung und Besserung bei den sexuellen Problemen ein.

Hier ist in erster Linie der Kreislauf-Sexus-Meridian betroffen. Jegliche Art sexueller Spannung wirkt sich auf diesen Meridian aus. Er ist auch bei Belastungen der Nebennieren unteraktiv, und sexuelle Spannung und gestreßte Nebennieren sind in unserer Gesellschaft sehr verbreitet. Werden die Nebennieren durch Nebennierenextrakt oder durch Helmkraut (*Scutellaria, Lateriflora*) unterstützt, läßt sich diesem Streß in den meisten Fällen erfolgreich begegnen.

Der wichtigste Punkt bei diesem Test ist die Erkenntnis, daß Angst uns davon abhalten kann, unsere Mutter wirklich zu lieben. Und solange wir diese Angst nicht überwunden haben, sind wir auch nicht imstande, unsere Ehefrau uneingeschränkt zu lieben. Meine Empfehlung für die Überwindung dieser Angst lautet: Hören Sie mehrmals täglich in der Alexanderstellung liegend therapeutische Musik an; nehmen Sie Stärkungsmittel für die Nebennieren und/oder Helmkraut, und sagen Sie mit Überzeugung: „Mutter, ich liebe dich. Ich habe keine Angst vor dir." Dieses Neuerlebnis der Mutterliebe ermöglicht es Ihnen, die Mutter so zu lieben, wie es ihr und Ihnen zusteht. Danach können Sie auch Ihre Ehefrau wirklich

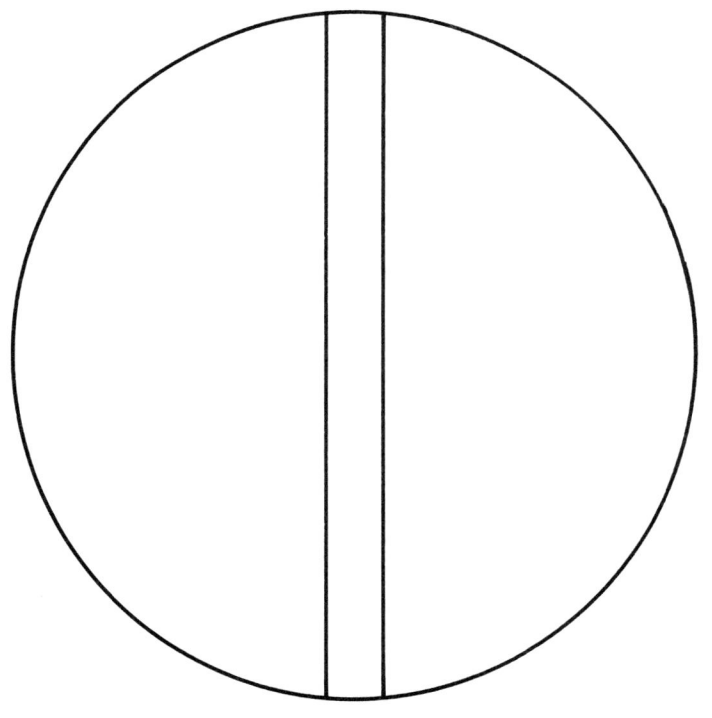

lieben, und an die Stelle der Angst tritt beim Liebesakt nun rückhaltlose, schrankenlose, vollkommene Liebe.

9. Paul

Eine wichtigere Aufgabe als die, den Menschen durch das Re-mothering-Erlebnis zu wahrer Mutterliebe zu verhelfen, gibt es nicht.

Paul, der bei den beiden ersten Tests zur Mutterliebe versagt hatte, brauchte diese Hilfe dringend. Der erste Test bestand in der Vorstellung, in den tröstenden Armen seiner Mutter auf deren Schoß zu liegen. Dieser Test bezieht sich auf den Bezug zur Mutter, der in den ersten Lebensmomenten entsteht, während derer man ihn sofort auf den Bauch seiner Mutter hätte legen sollen, damit er sich nach den Schrecken der Geburt wieder mit ihr hätte vereint fühlen können. Dieses ist wohl der wichtigste Test. Mit seiner Hilfe läßt sich feststellen, bis zu welchem Grad jemand der wahren Liebe fähig ist, mit dem Leben zurechtkommt, das Leben mit Liebe, Zuversicht, Vertrauen und tiefer religiöser Hochachtung meistern kann und sich in seinem Herzen der Einheit allen Seins bewußt ist. Doch Paul war, wie so vielen von uns, dieses Erlebnis bei der Geburt nicht gewährt worden. Und auch seiner Mutter hatte man die Möglichkeit verweigert, ihn rückhaltlos und vollkommen zu lieben.

Beim zweiten Test stellte Paul sich vor, an der Brust seiner Mutter genährt zu werden. Und wieder versagte er wie die meisten von uns bei diesem Test. Seine Mutter war noch am Leben und wohnte in einem Altersheim so weit entfernt, daß er sie schon jahrelang nicht mehr gesehen hatte. Sie war

85 Jahre alt und nicht sehr gesund. Ich zeigte ihm, daß er die Schwäche bei beiden Tests durch Gedanken reiner Liebe überwinden konnte. Dann begleitete ich ihn durch ein Re-mothering-Erlebnis.

Er sprach seine liebevollen Gedanken als Affirmation. Er stellte sich meinem Rat zufolge jeden Abend beim Zubettgehen vor, sich auf dem Bauch seiner Mutter mit ihr vereint zu fühlen. Er versuchte dann, sich in den Urtraum zu versetzen, und stellte sich beim Einschlafen vor, durch einen Tunnel in eine Höhle voller Wärme, Zuversicht und Liebe zu kriechen. Dabei war er von tiefer Liebe zu seiner Mutter erfüllt.

Innerhalb weniger Wochen und bevor er sie noch besuchen konnte, starb sie. Es war ihm nicht möglich, zur Beerdigung zu gehen. Hier ist ein Auszug aus einem Brief an seinen Bruder, den er in dieser Zeit schrieb:

„Lieber Ted!

Ich fand eine Möglichkeit, im Geist an der Beerdigung teilzunehmen und meine Achtung und Liebe der Mutter gegenüber auszudrücken. Ich ging nicht zur Arbeit, sondern schaute zu Hause alle Bilder von Mutter und der Familie an. Um drei Uhr ging ich in den Garten, stellte mich in die Sonne und begann eine tiefe Meditation. Ich sah mich mit der Familie am Grab stehen und rief mir Mutters Bild vor Augen. Ich erinnerte mich an all ihre Wärme, Güte und Großzügigkeit. Ich erinnerte mich an sie als das wunderbare menschliche Wesen, das sie in ihrer Güte gewesen war, und rief mir allerlei glückliche Augenblicke vor Augen, die wir zusammen verbracht hatten. Ich teilte ihr bei ihrem Eintritt in eine größere Welt meine Liebe mit."

Es erfüllt mich mit tiefer Dankbarkeit, daß ich Paul zu seiner jetzigen tiefen Mutterliebe verhelfen durfte. Für jemanden, der sich als Helfer versteht, gibt es keine wichtigere Aufgabe. Alles beginnt mit unserer Fähigkeit, unsere Mutter aufrichtig, uneingeschränkt, grenzenlos und vollkommen zu lieben. Es ist so wunderbar, wenn Ihnen das noch zu Lebzeiten Ihrer Mutter gelingt, solange sie noch darauf reagieren kann. Es ist natürlich auch nach ihrem Tod noch möglich, nur entgeht Ihnen dann das Lächeln, mit dem sie antwortet. Versuchen Sie es jetzt, wenn sie noch lebt. Sie beide sehnen sich nach dem Re-mothering-Erlebnis.

10. Test für die Fähigkeit, uneingeschränkt zu lieben

Den meisten von uns gelingt es nicht, sich auf eine Sache oder andere Menschen – die Mutter, den Vater, den Ehepartner, die Kinder, die Arbeit oder auch nur auf ein Stück Papier – vollständig einzulassen.

Ob Sie wahrhaft lieben können, läßt sich folgendermaßen testen:[16] Befestigen Sie ein Stück Papier oder einen beliebigen Gegenstand an der Wand. Ich verwende meist weißes Papier, weil das keinen offensichtlichen psychologischen Beigeschmack hat. Lassen Sie die Testperson auf das Papier schauen, und führen Sie den einfachen Muskeltest durch. Sie testet sowohl beim Muskel- als auch beim Nabeltest stark. (Führen Sie immer beide Muskeltests durch.) Jetzt konzentriert die Testperson sich auf das Papier – bitten Sie sie, zu diesem Papier eine möglichst intensive Beziehung herzustellen, es unentwegt anzustarren, sich ganz darauf einzulassen. Und Sie werden finden, daß die Testperson daraufhin in fast allen Fällen entweder beim einfachen Muskel- oder beim Nabeltest schwach testet. Es ist nun eine Wut aufgetreten, die ein vollständiges Eingehen sogar auf ein harmloses Stück Papier unmöglich macht.

Fordern Sie nun die Testperson auf, sich stattdessen die Ehefrau vorzustellen oder sie in Wirklichkeit anzusehen, und das Testergebnis ist stark. Wenn Sie die Testperson aber nun bitten, sich der

Ehefrau gegenüber ganz zu öffnen, ihr Ihre uneingeschänkte Liebe zu schenken und ganz auf sie einzugehen, testet sie entweder beim einfachen Muskeltest oder beim Nabeltest schwach.

Es stellt sich weiterhin auch heraus, daß die Ehefrau dieselben oder ähnliche Probleme hat. (Bei Ehepaaren testet der eine Partner meist beim Nabeltest schwach und der andere beim einfachen Muskeltest. Es kommt sehr selten vor, daß beide beim gleichen Test versagen.) Das bedeutet, daß eine Blockierung vorhanden ist, die sie daran hindert, selbst diejenigen rückhaltlos zu lieben, die sie gerne so lieben würden. Diese Blockierung ist unbewußte Wut.

Sie werden auch finden, daß diese Menschen bei dem Gedanken, sich ganz auf ihre Arbeit, ihr Hobby, ihr Lieblingsprojekt oder ähnliches einzulassen, schwach testen. Ihre Fähigkeit, vollkommen zu lieben und sich *ganz* zu geben, ist von Geburt an eingeschränkt.

In fast allen (aber nicht allen) Fällen findet sich ein deutlicher Bezug zwischen diesem und den vorherigen Tests. Es zeigt sich fast immer, daß nach der Beseitigung der frühen Mutterprobleme durch das Re-mothering-Erlebnis auch der Test der Liebesfähigkeit stark ausfällt. Es ist jetzt zum ersten Mal möglich geworden, uneingeschränkt zu lieben.

Ich habe besonders bei Ehepaaren unbeschreiblich schöne Veränderungen erlebt, nachdem sie imstande waren, diesen Test zu bestehen. Wir alle wünschen uns insgeheim, uns in vollkommener

Liebe verströmen zu können – wissen im Grunde unseres Herzens aber auch, daß uns etwas daran hindert. Und das ist eine Verarmung, die aus dem Mangel an früher Erfahrung der Mutterliebe herrührt. Wenn wir fähig sind, die Mutter vollkommen zu lieben, können wir auch andere vollkommen lieben – und auch Gott. Wir sind imstande, wie nie zuvor unsere Herzen zu öffnen und zu geben. Wir können uns eins fühlen mit allen unseren Lieben, mit der Natur und mit Gott.

11. Geburt als religiöse Erfahrung

Das Geburtserlebnis ist für das Baby furchterregend und traumatisch und für die Mutter eine Zeit der Angst. Die Trennung bei der Geburt ängstigt sowohl die Mutter als auch das Kind. Und doch kann die Mutter danach ihr Kind auf eine Art lieben, die während der Embryonalzeit nicht möglich war. Wenn das Baby jetzt, während die Mutter sich entspannt und von den Anstrengungen der Geburt erholt, auf ihrem Bauch liegt, kann sie es halten und mit einer Liebe überströmen, deren sie nie zuvor in ihrem Leben fähig war. Und daraus entsteht nun die perfekte Einheit, der *Syndesmos*; ihre und des Kindes Liebe, nach dem geteilten Leiden, nach dem Geburtserlebnis, jetzt vereint auf ihrem Bauch.

Margaret Murray ist der Ansicht, daß das erste religiöse Gefühl zu dem Zeitpunkt entsteht, da die Mutter zum erstenmal das neue Leben in ihrem Leib spürt, das erste Zeichen des Schöpfungswunders, das sich in ihrem Körper abspielt.[17] Meiner Meinung nach entsteht das erste religiöse Gefühl, das erste Gefühl der Einheit mit Gott, wenn die Mutter selbst als Baby auf dem Bauch *ihrer* Mutter liegt. Was sie später in ihrer Schwangerschaft empfindet, wenn sich ein neues Leben in ihr regt, ist eine göttliche und wunderbare Verstärkung dieses magischen Augenblicks. Und das letzte glorreiche Fließen reiner Liebe, das vollkommene Verströmen des Selbst in einen anderen Menschen folgt, wenn sie ihr Neugeborenes auf ihrem Bauch hält. Dies ist die überwältigende Herrlichkeit der Mutterliebe.

12. Geburtswehen

Ich erinnere mich noch sehr deutlich an eine Krankenschwester, die vor Jahren in meiner Assistenzzeit als Geburtshelfer darauf bestand, ihr Kind ohne Narkose zur Welt zu bringen. Wir alle, die Krankenschwestern, die anderen Ärzte und ich, hielten sie damals für doch sehr merkwürdig. Keiner von uns hatte jemals von so etwas gehört. Ich erinnere mich auch, daß sie bei den Wehen nicht wie die anderen Frauen schrie und sich verkrampfte, sondern lächelte und drückte.

Dieses Lächeln blieb mir am meisten in der Erinnerung. Das Kind war groß und außerdem ihr erstes. Und doch hätte die Entbindung nicht leichter vonstatten gehen können. Als es vorbei war, fragte ich sie: „Ganz im Ernst: Tat es weh?" Sie schaute mich mit dem strahlenden Lächeln eines Engels an und antwortete: „Natürlich nicht. Es zog nur ein wenig." Was für eine wunderbare Mutter, und welch schöne Geburt schenkte sie trotz allen Widerstandes ihrer Umwelt und trotz der Tatsache, daß wir noch nie von Leboyers Werk gehört hatten, ihrem Kind. Sie wußte alles instinktiv.

Ich glaube nicht, daß es in unserer Sprache einen fürchterlicheren Ausdruck gibt als *Geburtswehen* (amerikanisch: *labor pains*). Wie kann man nur das schöne, freudige Wirken der Natur als *Arbeit* (*labor* = Schwerarbeit, Mühe, Plage) einstufen? Und was sind die Wehen? Meine Kollegen und ich wuchsen in der Meinung auf, es sei ganz „normal", daß eine Frau bei der Geburt große Schmerzen ausstehen müsse. Inzwischen habe ich jedoch viele Entbindungen erlebt, bei denen die Schmerzen minimal waren. Es war unbequem und, wenn Sie so wollen, es zog auch, aber es schmerzte nicht. Wenn ich an meine Tage im Kreißsaal (amerikanisch: *labor wards* = Arbeitszelle, Arbeitsstation) zurückdenke, höre ich immer noch, wie die Krankenschwestern den „Patientinnen" laut und nervös zu drücken befahlen. Die arme Mutter war gewöhnlich hochrot, ihre Hals- und Stirnadern waren dick geschwollen, und während sie preßte, drückte und schrie, hielt sie auch noch den Atem an. Ich erinnere mich, wie die Krankenschwestern sie anschrien: „Pressen Sie noch ein bißchen. Nur noch ein bißchen. Es ist fast da. Auf geht's! Auf geht's! Pressen! Pressen! Pressen!"

Für diese Frauen war das Gebären tatsächlich Schwerarbeit und auch schmerzhaft. Aber *natürlich* war das nicht. Alle und alles waren voller Angst. Die Krankenschwestern hatten Angst, denn sie arbeiteten unter dem Druck, das Baby um jeden Preis so schnell wie möglich zu entbinden. Auf den Fluß der Natur, der doch am besten weiß, wie es am leichtesten geht, wurde keine Rücksicht genommen. Und die Mütter müssen einfach entsetzliche Angst ausgestanden haben. Ich fühlte diese Angst immer wieder, wenn ich ihre Hände hielt, sie zu beruhigen und ihre Angst zu mildern versuchte. Aber obwohl ich der leitende Arzt war, schoben die Schwestern mich meist beiseite und befahlen den Patientinnen: „Pressen!"

Viele Frauen wurden mit angsterfüllten Augen in die Entbindungsstation eingeliefert, und ich sah ihre bleichen, von Furcht verzerrten Gesichter, wenn man sie in den Kreißsaal schob. Nur einmal sah ich Frieden, Freude und Glück, und das war bei der schönen Krankenschwester, von der ich weiter vorne berichtete. Alle anderen hatten mehr oder weniger Angst. Und diese Angst war die Hauptursache der Schmerzen und verwandelte den natürlichen Geburtsvorgang in Schwerstarbeit.

Ich erinnere mich nicht an eine einzige Geburt in diesem Krankenhaus, bei der man die Mutter in der letzten Phase der Geburt nicht narkotisierte, um ihr über die „schlimmsten Schmerzen" hinwegzuhelfen. Ich fragte mich sogar damals schon, wie „primitive" Völker das wohl machten. Wie brachten sie Babys ohne Narkose zur Welt? Ich las Studien solcher Kulturen. Kinder wurden ohne Krankenhäuser, ohne Fachärzte und ohne Schmerzen geboren. Ich fragte mich, wie dies wohl möglich sei? Bei uns nannte man bereits die Kontraktionen der Gebärmutter „Geburtswehen". Die Schwestern fragten ihre Patientinnen nie: „Haben Sie eine Kontraktion?" Es hieß immer: „Haben die *Wehen* schon eingesetzt? Haben Sie wieder eine *Wehe*?"

Während der Jahre, die ich in der Psychiatrie arbeitete, sprach ich mit vielen Frauen, die Kinder hatten. Sie sprachen alle von den *Wehen*. Die meisten von ihnen berichteten, ihre Mütter hätten sie davor gewarnt, wie schmerzhaft es sei. Und vielen meiner männlichen Patienten wurde von ihren Müttern gesagt: „Du kannst dir die Schmerzen noch nicht einmal vorstellen, die ich durchmachen mußte, um dich zur Welt zu bringen." Es ist wahr, daß fast alle unsere Mütter große Schmerzen erleiden mußten. Tragischerweise war das unnötig – und doch ertrugen sie das alles, um uns zu gebären.

Das wirkt auf Mütter heute noch nach und beeinträchtigt ihre Fähigkeit, ihre Kinder wirklich zu lieben. Wieviel Zeit inzwischen vergangen ist, spielt dabei keine Rolle; ein Rest „Geburtswehen" beeinflußt sie unbewußt nach wie vor. Überprüfen Sie das selbst. Bitten Sie eine Frau, die Kinder hat, sich an das Pressen während der Geburt zu erinnern, und sie testet schwach. Die Auswirkungen sind nach all den Jahren immer noch aktiv und hindern sie immer noch daran, ihr Kind uneingeschränkt zu lieben. Unbewußt fühlt sie immer noch die Schmerzen bei der Geburt. Die uneingeschränkte Freude, das strahlende Lächeln der jungen Krankenschwester fehlt.

Gleichermaßen bedrückend ist es, wenn auch junge, noch kinderlose Frauen bei der Vorstellung, wie bei der Geburt zu pressen, schwach testen. Sie sind bereits auf die Geburtsschmerzen vorprogrammiert.

Bei Frauen, die der Gedanke an „Geburtswehen" schwächt, ist hauptsächlich der Kreislauf-Sexus-Meridian betroffen. Deshalb testet eine Frau, die Plazentakonzentrat einnimmt, bei denselben Gedanken stark. Auch ein Extrakt von *Cimicifuga racemosa* bewirkt, daß sie beim Test stark bleibt. Ich empfehle meinen Schülerinnen *Cimicifuga racemosa* (Wanzenkraut) zum Überwinden der Angst vor den Wehen, und zwar sowohl vor als auch noch Jahre nach der Geburt. Denn die Angst und die „Wehen" wirken immer noch nach und beeinträchtigen die Mutter in ihrer Fähigkeit, ihr Kind voll und ganz zu lieben. Frauen, die bei diesem Test versagen, finden folgendes Verfahren sehr wirkungsvoll: Nehmen Sie die obengenannten Mittel, stellen Sie sich vor, bei der Geburt zu drücken, und sagen Sie: „Ich will mein Baby mit allen meinen Lieben teilen."

Wird diese einfache Übung auch nur eine oder zwei Wochen lang durchgeführt, lassen sich damit die restlichen „Wehen", ganz gleich wie lange sie schon mit herumgeschleppt wurden, beseitigen. Für eine schwangere Frau ist dies natürlich von unschätzbarem Wert. Denn es wird ihr dadurch möglich, wie die Krankenschwester zu lächeln.

Das Re-mothering-Erlebnis wirkt sowohl bei Müttern als auch bei Kindern; der „Geburtswehentest" bezieht sich in erster Linie auf die Mutter. Der gesamte Prozeß ist dann jedoch wieder wechselseitig. Je mehr Ihre Mutter sie liebt, desto mehr können Sie sie wieder lieben. Und natürlich wird Ihre Mutter desto mehr mit Liebe antworten, je mehr Sie sie lieben. Das ist das Schöne an der Mutter-Kind-Beziehung. Durch das Re-mothering-Erlebnis lassen sich die Probleme aus unserer frühesten Kindheit, die uns seither davon abhielten, unsere Mütter wirklich zu lieben, bewältigen. Und unsere Mütter können die Probleme, die *sie* seither davon abhielten, uns wirklich zu lieben, überwinden. Das Re-mothering-Erlebnis hilft also beiden.

13. Test: Der Augenblick der Geburt

Bitten Sie eine Mutter, der es vergönnt war, die Geburt ihres Kindes bewußt mitzuerleben, sich an den Augenblick zu erinnern, als sie den Kopf des Kindes zwischen ihren Beinen auftauchen sah, den genauen Zeitpunkt, zu dem ihr Kind tatsächlich auf die Welt kam. Oder bitten Sie eine Mutter, der dies nicht vergönnt war, weil sie im Augenblick der Geburt unter Narkose stand, sich diesen Moment vorzustellen.

Sie werden in beiden Fällen eine schwache Testreaktion finden! Dies ist nicht der Augenblick höchster Freude und Glückseligkeit, nicht eine Zeit der Ehrerbietung und Göttlichkeit. Es ist eine Zeit der Negativität, ein Augenblick voller Streß. Noch bevor das Baby ganz auf der Welt ist, ist die Mutter durch den Entbindungsprozeß schon gestreßt. Und sogar wenn beide das Glück haben, daß das Kind nach der Geburt auf ihren Bauch gelegt wird, ist sie durch den Streß seines tatsächlichen Auftauchens trotzdem noch geschwächt.

Überraschenderweise zeigen kinderlose Frauen dieselbe negative Reaktion bei diesem Test – sie sind dazu verurteilt, die Verhaltensmuster ihrer Mütter auszuleben. Wieder ist primär der Kreislauf-Sexus-Meridian betroffen. Nur ist diesmal ein anderer Aspekt dieses komplexen Meridians beteiligt. In diesem Fall ist Ovarextrakt das richtige Mittel. Im Gegensatz zum „Geburtswehentest", für den *Cimicufuga racemosa* die richtige Pflanze war, brauchen wir in diesem Fall *Helonias dioica* (Falsche Einhornwurzel).

Bitten Sie die Mutter (oder schwangere Frau), die bei diesem „Augenblick-der-Geburt-Test" versagt, an diesen göttlichsten aller Augenblicke – den Moment, in dem sie ihr Kind zum erstenmal zwischen ihren Beinen sieht – zu denken. Sie sollte oft bei diesem Gedanken verweilen und die entsprechenden Mittel und Kräuter nehmen, um die Negativität zu überwinden, die sie seit dem Augenblick der Geburt ihres Babys mit sich herumträgt. Dies ist ein Teil des Re-mothering-Erlebnisses für Mütter, das ihnen inniger zu lieben und tiefer auf die ihnen entgegengebrachte Liebe einzugehen ermöglicht.

14. Unbefriedigte Mutterschaft

Die meisten Frauen, aber kaum ein Mann, testen schwach, wenn sie ein Stück Papier betrachten, auf dem „Lieschen Müller, Hausfrau" oder sogar „Hans Müller, Hausmann" steht. (Der englische Ausdruck lautet im Original *homemaker*, was soviel heißt wie *Heim-Bereiterin*.) Das weist auf eine unbewußte negative Einstellung zur Hausarbeit hin.

Der nächste Untersuchungsschritt besteht darin herauszufinden, welchen Aspekt der Hausarbeit die Frauen ablehnen. Sie testen stark beim Gedanken ans Geschirrspülen, Bodenwischen, Staubsaugen, Kloputzen, Waschen und Bügeln. Denken sie aber ans Bettenmachen, testen sie schwach. Um nun herauszufinden, was sie am Bettenmachen stört, stellen sie sich der Reihe nach alles vor, was dazugehört. Beim Überziehen der Federbetten und der Matratzen testen sie stark. Wenn sie aber das Kissen aufschütteln, testen sie schwach! Darin liegt aus irgendeinem merkwürdigen Grund ihre Unzufriedenheit bei der Hausarbeit! Was bedeutet das? Sie werden bei diesen Frauen – und das gilt für die meisten Frauen – auch eine schwache Reaktion beim Anblick eines Kissens in einem Kissenbezug feststellen. Wenn sie nur ein Kissen oder nur den Bezug anschauen, testen sie nicht schwach. Wenn sie aber ein Kissen in seinem Bezug betrachten, testen sie schwach. Warum? So merkwürdig das auch klingen mag, wissen wir doch durch die psychoanalytische Deutung von Träumen und Symbolen, daß ein in einen Kissenbezug gestecktes Kissen üblicherweise Schwangerschaft und ein Baby symbolisiert. Ich habe diesen Umstand vielen Mädchen im Teenageralter vor Augen gehalten, wobei sie jedesmal still vor sich hin lächelten und zustimmten.

Nehmen wir nun an, daß wir dieselben Frauen – ob sie Kinder haben oder nicht – bitten, sich vorzustellen, sie hätten ein Baby. (Wie gesagt, versagen bei diesem Test nur Frauen.)

Bitten Sie sie, an das Baby in einer neutralen, wenig emotionsgeladenen Situation zu denken. Ich sage normalerweise: „Stellen Sie sich vor, Sie sind in der Küche, und Ihr Baby ist im Wohnzimmer. Sie sagen sich also ‚mein Baby ist im Wohnzimmer‘, ohne daß es dort etwas Spezielles tut, nur daß es im nächsten Zimmer ist." Es stellte sich heraus, daß die Gruppe von Frauen, die beim Kissen im Bezug schwach waren und die beim Test eine Abneigung gegen Hausarbeit aufwiesen, auch in diesem Fall schwach testen.

In diesen Fällen handelt es sich beim hauptsächlich betroffenen Meridian wieder um den Kreislauf-Sexus-Meridian. Der Kreislauf-Sexus-Meridian ist ein sehr vielschichtiger Meridian und steht mit einer ganzen Reihe psychisch-emotionaler Haltungen in Verbindung. In diesem Fall handelt es sich bei der speziell zum Tragen kommenden negativen Einstellung um Bedauern. Bedauern heißt einem alten Leid nachtrauern. Ich glaube, daß diese Frauen, die Mehrheit aller Frauen, tief im Innern bedauern, keine Kinder zu haben; oder daß es den Frauen, die Mütter sind, leid tut, ihren Wunsch zu bemuttern nicht voll befriedigt zu haben. Daran erinnert sie die Hausarbeit nun jedesmal. Sie haben womöglich viele Kinder, und doch fühlen sie tief im Innern, daß ihr Muttertrieb nicht voll befriedigt wurde. Den Müttern wird das Bemuttern und den Kindern das Bemuttertwerden vorenthalten. Deshalb nenne ich dies den Test der unbefriedigten Mutterschaft.

Lassen Sie eine Frau, die bei diesem Test schwach wird, sagen: „Ich bedaure nicht, keine Kinder zu haben" oder im entsprechenden Fall „Es tut mir nicht leid, daß ich nicht mehr Kinder habe". Sie wird jetzt stark testen, wenn Sie ihr das Schild „Lieschen Müller, Hausfrau" oder „Hans Müller, Hausmann" zeigen. Und sie wird auch stark bleiben, wenn sie jetzt ans Bettenmachen bzw. Kissenaufschütteln denkt. Sie testet nun auch beim Anblick eines Kissens im Kissenbezug und beim Gedanken an ihr Baby im Nebenzimmer stark.

Ein negatives Ergebnis bei diesem Test läßt sich statt mit der obengenannten Affirmation auch mit einem Kräuterextrakt, und zwar interessanterweise mit Herzgespann (*Leonurus cardiaca*) beheben. Meiner Erfahrung nach leiden die meisten Frauen unter dem Problem der unbefriedigten Mutterschaft. Meine Empfehlung an sie lautet: Setzen Sie sich oder besser noch legen Sie sich in der Alexanderstellung (vgl. Anhang 2) eine oder zwei Wochen lang immer wieder einmal still hin, hören Sie dabei therapeutische Musik, nehmen Sie ein paar

Tropfen Herzgespannextrakt oder -tee, und sagen Sie sich: „Ich hege in bezug auf meine Mutterschaft keinerlei Bedauern."

Die meisten Frauen bedauern die unbefriedigte Mutterschaft tief. Auch wenn sie das Gegenteil behaupten, wünschen sich die meisten Frauen im Innern, im umfassendsten Sinn des Wortes Mutter zu sein und ihre Mutterschaft voll und ganz auszuleben.

Dieser Test und seine verschiedenen Begleiterscheinungen fügte unserer Erfahrung nach dem Leben vieler Frauen eine ganz neue Dimension hinzu. Dieser Aspekt des Re-mothering-Erlebnisses ist für die Mutter sehr wertvoll und bereichernd.

15. Das Sicherheitsnetzsyndrom

Stellen Sie sich vor, Sie schwingen hoch oben in der Luft an einem Trapez. Sie sind gerade dabei loszulassen und fliegen mit ausgestreckten Armen frei durch die Luft, um nach der anderen auf Sie zuschwingenden Trapezstange zu greifen. Wieviel Angst Sie in einer solchen Situation haben, hängt vom Vorhandensein eines Sicherheitsnetzes ab. Ist ein Sicherheitsnetz gespannt, macht ein Fall nicht viel aus. Sie verletzen sich nicht. Sie brauchen nur die Leiter wieder hinaufzusteigen und einen neuen Versuch zu wagen. Ohne Sicherheitsnetz stürzen Sie sich zu Tode.

Die meisten von uns testen beim Gedanken an das Loslassen der Trapezstange und das Durch-die-Luft-Fliegen entweder beim einfachen Muskeltest oder beim Nabeltest schwach. Aber manchen Menschen flößt diese Vorstellung keinerlei Angst ein, und sie testen deshalb stark.

Oder stellen Sie sich vor, Sie seien im Begriff, von einem Sprungturm aus ins Wasser zu springen. Für die meisten von uns ist diese Vorstellung sehr beängstigend. Aber es gibt Menschen, die davor absolut keine Angst haben. Sie können sich auch vorstellen, Sie seien ein Fallschirmspringer kurz vor dem Absprung. Wieder testen die meisten von uns dabei schwach.

Jeder Tag im Leben fordert uns dazu auf, eine Trapezstange loszulassen und uns zu einer anderen hinüberzuschwingen. Jeder Tag unseres Lebens bietet uns die Chance, uns von dem zu lösen, was wir erreicht haben, und voller Vertrauen und Glauben an unsere Zukunft einen besseren Weg, ein besseres Leben zu wählen. Die meisten von uns freuen sich nicht über diese Chance, sondern reagieren darauf voller Angst. Wir halten uns zurück, weil wir nicht an das Vorhandensein eines Sicherheitsnetzes glauben. Wir denken, ein Verfehlen der Trapezstange bedeute den Tod. Wir halten uns lieber zurück, entwickeln uns lieber nicht weiter, um den Tod nicht riskieren zu müssen.

Wie vielen Männern bin ich begegnet, die eine bessere Berufschance aus Angst zu versagen ausschlugen. Wie viele überlebte Ehen habe ich gesehen, in denen die Partner sich nicht trennten, weil sie nicht an ein Sicherheitsnetz glaubten und deshalb Angst vor dem Fliegen hatten. Sie bleiben zusammen, lassen ihre Lebensenergie durch den Mangel an Liebe in ihrem Leben dahinschwinden und behaupten, es nur „um der Kinder willen" zu tun.

Wie viele Patienten weigern sich trotz der Erkenntnis, daß ihre gegenwärtige Behandlungsweise ihnen keine Hilfe bringt, eine andere Methode auszuprobieren, weil sie Angst vor einem Fehlschlag haben? Wieder ist der Grund dafür, daß sie nicht an ein Sicherheitsnetz im Leben glauben. Nicht viele Leute sind bereit, einen Lebensstil aufzugeben, auch wenn sie wissen, daß er sie krank macht. Nicht viele sind willens, die endlose Gier ihres Materialismus und Hedonismus aufzugeben und sich einem neuen Leben zuzuwenden. Die meisten haben zu viel Angst. Sie fürchten, sich zu Tode zu stürzen, wenn sie das bisher Erreichte loslassen. Sie glauben nicht an das Vorhandensein eines Sicherheitsnetzes.

Sri Aurobindos Rat lautet: „Ersehnen, ablehnen, sich fügen." Das Ersehnen ist der brennende, intensive Wunsch des Herzens nach einem neuen Weg. Und dann das Ablehnen des gegenwärtigen Weges, das Loslassen des Trapezes und das sich Schicken in den neuen Weg. Das tiefe Vertrauen, daß die neue Trapezstange genau im richtigen Augenblick auf uns zugeflogen kommt, das sichere Wissen um das Vorhandensein eines Sicherheitsnetzes, das Wissen, daß wir geliebt sind und daß uns kein Leid geschieht, daß beim Sprung vom Sprungturm das Wasser weich ist und nachgibt. So wenige unter uns besitzen dieses Vertrauen in die Zukunft, diese Fähigkeit, den alten Weg zu verlassen und uns dem Neuen zu fügen. Wir halten uns voller Angst zurück, weil wir noch nie im Leben ein Sicherheitsnetz hatten.

Die Grundvoraussetzung für das Sicherheitsnetz ist wirklich die Liebe der Mutter. Ich beobachte immer wieder, wie verschieden Babys, die in die Luft geworfen und dann in den Armen der Mutter wieder aufgefangen werden, reagieren. Manche lachen ausgelassen, und andere erschrekken und haben Angst. Einige wissen bereits, daß sie sich auf ein Sicherheitsnetz verlassen können, andere haben gelernt, daß das nicht der Fall ist. Leider reagieren die meisten ängstlich und schleppen diese Angst ihr ganzes Leben lang mit sich.

Wenn wir uns in der Liebe unserer Mutter sicher fühlen, sind wir frei und können fliegen, wohin wir auch wollen. Es steht uns dann frei, mit Riesenschritten voranzuschreiten, zu erforschen, loszulassen und den rechten Weg abzuwarten. Wir haben Flügel und sind nicht länger ängstlich, scheu und erdgebunden.

Ich kenne Leute, die sich von ihrer Mutter so geliebt wissen, daß sie jede Kritik vertragen und sich manchmal sogar selbst ziemlich hart kritisieren, wohingegen die meisten von uns sich fortlaufend vor anderen und sich selbst verteidigen. Aber diese wenigen wissen sich, was immer sie auch tun, in der Liebe ihrer Mutter geborgen. Sie fallen nie sehr weit, und sie verletzen sich nie. Das Sicherheitsnetz gibt ihnen nicht nur die Freiheit, die Welt zu erforschen, sondern auch die Freiheit, ihr Inneres zu erforschen. Es gibt uns den Mut zur Einsicht[18], den Mut, uns so zu sehen, wie wir wirklich sind. Das ist die Grundlage jeglichen Selbstverständnisses und jeder persönlichen Entwicklung.

Ein Sicherheitsnetz haben heißt Gott wirklich lieben. Wenn wir wirklich glauben, daß Gott uns liebt, sind wir immer voller Vertrauen und Zuversicht. Dann können wir immer sicher sein, daß uns nur Gutes widerfährt – ob wir loslassen, ersehnen, ablehnen oder uns hingeben. Wir wissen, daß das Sicherheitsnetz der Liebe Gottes immer da ist, und das gibt uns unser Vertrauen. Wann immer wir sie brauchen, sind die ausgestreckten Arme bereit, uns aufzufangen und uns zu helfen. Das Wissen darum, daß sie immer da sind, tröstet uns und ermöglicht es uns, uns noch mehr zu fügen, noch weiter zu fliegen und uns so weiterzuentwickeln.

Die meisten Menschen versagen beim Sicherheitsnetztest. Bei der Vorstellung, loszulassen und einen neuen Weg einzuschlagen, testen sie schwach, weil ihnen der Trost und die Unterstützung der von Geburt an als vollkommen erlebten Mutterliebe vorenthalten wurde. Sie sind ihr Leben lang auf sich allein gestellt, klammern sich mit vor Anstrengung weißen Knöcheln verzweifelt an die Trapezstange, haben Angst vor dem Loslassen, Angst vor dem Fallen, Angst vor der Zukunft.

Haben Sie sich je gefragt, warum sich so wenige Ärzte auf neue, andere Wege einlassen? Warum sind Gynäkologen nicht fähig, die neuen Erkenntnisse über natürliche Geburtsmethoden in ihre Arbeit einzubeziehen? Warum steigt die Zahl der Kaiserschnitte unaufhörlich? Die meisten meiner Kollegen in der Psychiatrie verordnen immer noch Elektroschocks, vergiften ihre Patienten immer noch mit Tabletten und widmen immer noch Jahre ihres Lebens der die Lebensenergie erschöpfenden Psychotherapie. Im Grunde ihres Herzens wissen sie, daß sie nicht wirklich hilft. Aber sie haben zu viel Angst vor der Veränderung, zu viel Angst, um die wundervollen neuen Möglichkeiten auszukundschaften, die sich bieten. Sie haben Angst vor dem Fliegen. Sie haben kein Sicherheitsnetz.

Ein alter Freund, ein Arzt, berichtet mir von seiner Darmentzündung. Ich erzähle ihm von all den anderen Behandlungsmöglichkeiten und daß ich schon vielen Menschen auch ohne Kortison helfen und, was noch wichtiger ist, ihren Gesundheitszustand insgesamt fördern konnte. Er kennt mich, respektiert mich und sagt: „Du hast sicher recht. Ich bin sicher, daß du mir sehr helfen kannst." Aber er fragt mich nie um Rat. Er hält sich lieber an das ihm vertraute Kortison, obwohl er rein verstandesmäßig weiß, daß die neue Behandlungsmethode besser ist. Er will sich lieber nicht auf einen neuen Weg einlassen. Sein Herz ist voller Angst. Er kennt kein Sicherheitsnetz. Wenn er doch nur etwas ersehnen und das ablehnen könnte, was erwiesenermaßen nicht funktioniert. Doch die Angst hat sein Herz im Griff. Wenn er doch nur seine Angst loslassen könnte. Er hat nie ein Sicherheitsnetz gekannt. Und doch ist es vorhanden, wann immer wir es brauchen, denn es entsteht durch unseren Glauben, unsere Liebe und unser Vertrauen.

Die meisten von uns kennen zeit ihres Lebens kein Sicherheitsnetz und versagen bei diesem Test. Das ist hauptsächlich so, weil wir uns in der frühen Beziehung zu unserer Mutter nicht geborgen fühlten. Wir können dies nun überwinden, indem wir die Mutterliebe neu erleben, unser Herz der Mutter und Gott öffnen. Es ist nie zu spät. Ihre Hände sind immer da. Sie ist das vollkommene, unfehlbare, allgegenwärtige Sicherheitsnetz.

Du darfst loslassen und auf die Erfüllung deiner kühnsten Träume zufliegen. Du darfst voll und ganz vertrauen und glauben. Sie ist immer da, um dich aufzufangen. Solange dein Ziel rein ist, fällst du nie, geschieht dir kein Leid, auch wenn du nach noch so fernen Zielen greifst. Ihre Hände sind immer da.

16. Der Spiraleffekt

Der berühmte Anatom und Anthropologe Professor Raymond A. Dart[19] ist der Entdecker des sogenannten „missing link".[20] Vor vielen Jahren interessierte er sich sehr für die Alexandertechnik.[21] Seine Erfahrung in der Anatomie und sein Interesse an Alexanders Theorien über die Art, wie wir unseren Körper gebrauchen, führten zu einer sehr wichtigen Entdeckung.[22] Er demonstrierte, daß alle Muskeln im Körper in Form einer sich überschneidenden rechten und linken Doppelspirale angeordnet sind. Dies wird nicht offensichtlich, wenn die Muskeln nur in bezug auf ihre anatomische Zugehörigkeit betrachtet werden, und war deshalb der Aufmerksamkeit der orthodoxeren Anatomen im Verlauf der Jahrhunderte entgangen. Als Dart die Muskulatur aber vom Blickpunkt der Alexandertechnik her betrachtete, konnte er die Muskeln in bezug auf ihren gesamten integrativen Gebrauch erfassen. Das führte zu seiner Entdeckung der Spirale. Er erkannte außerdem, daß die meisten Menschen mehr zu *einer* Seite der Spirale neigen, die anderen zur entgegengesetzten. Er bezog diesen falschen Gebrauch des Körpers auf die Tatsache, daß die meisten von uns eher mit der einen als mit der anderen Seite des Körpers zur Welt in Beziehung treten.

Meiner Meinung nach existiert dieses Spiralproblem von Geburt an. Die Körper aller Babys sind als Folge der Durchquerung des Geburtskanals in die eine oder andere Richtung gedreht. Wird das Baby dann, wie Leboyer das empfiehlt, mit gebeugtem Rückgrat auf den Bauch der Mutter gelegt, entwickelt sich sein Atem, während die Nabelschnur allmählich aufhört zu pulsieren. In dieser entspannten Haltung kommt es mit dem ersten Atemzug zu einer Ausdehnung aller Körperstrukturen. Und in diesem Augenblick wird der Spiraleffekt ausgeglichen. Schädel-Osteopathen glauben, daß durch das Fehlen dieses normalen, tiefen ersten Atemzugs die meisten strukturellen Probleme im späteren Leben angelegt werden.[23] Meiner Meinung nach gilt das auch für die von Dart beschriebenen Spiralprobleme. Wir sehen hier erneut, wie unsere geistige und körperliche Entwicklung von einer natürlichen, sanften Geburt abhängt.

Inwiefern wirkt sich das auf unsere Fähigkeit, unsere Mutter wahrhaft zu lieben, aus? In all den Fällen, in denen jemand bei einem der verschiedenen Tests zur Mutterliebe schwach testete, fällt der Test nicht mehr schwach aus, wenn der Körper in eine bestimmte Richtung gedreht wird.

Lassen Sie mich das genauer erklären. Nehmen wir an, die Testperson steht direkt vor dem Bild einer schwangeren Frau. Wie fast alle testet sie dabei entweder beim einfachen Muskeltest oder beim Nabeltest schwach. Bitten Sie die Testperson nun, den Körper nach links zu drehen, ohne die Füße zu bewegen oder den Blick vom Bild abzuwenden. Bei der Wiederholung des Tests stellen Sie höchstwahrscheinlich fest, daß er jetzt stark ausfällt. Führt eine Linksdrehung nicht zu einem starken Testergebnis, stellt sich dieses statt dessen bei einer Rechtsdrehung ein.

Dies demonstriert, wie vollständig Körper und Geist aufeinander bezogen sind. Es zeigt auch, daß sich durch das Beheben des Spiraleffekts im Körper sogar so tiefsitzende psychologische Faktoren wie die grundlegende Beziehung zur Mutter von der ersten Lebensminute an ausgleichen lassen. Wir sind körperlich so verdreht und verzerrt, in Darts Worten so „spiralig", daß wir uns physisch und psychisch nur dann normal fühlen, wenn wir eine abnormale Körperhaltung einnehmen. Bei einer Körperhaltung, die man als normal bezeichnen könnte, fühlen wir uns geistig oder körperlich unwohl. Verdrehen wir unsere Körper aber auf eine Art und Weise, die dem von Geburt an vorhandenen Spiraleffekt entgegenwirkt, fühlen wir uns geistig und körperlich ausgeglichen.

Es gibt eine einfache Technik zur Überwindung des Spiralproblems, die unter dem Namen *Diamond-Twist* bekannt wurde. Verfahren Sie dazu folgendermaßen:

Stellen Sie sich mit gespreizten Beinen und gebeugten Knien hin. Strecken Sie die Arme waagrecht nach beiden Seiten aus. Konzentrieren Sie Ihren Blick auf einen Punkt in Augenhöhe direkt vor Ihnen.

Drehen Sie nun Arme und Körper kräftig von einer Seite zur anderen, und halten Sie dabei den Blick gerade und auf den Punkt konzentriert. Beim Drehen nach der einen Seite atmen Sie durch die Nase ein, halten dabei den Mund geschlossen und die Zunge am Gaumen. Atmen Sie dann beim Drehen nach der anderen Seite gleichmäßig durch den Mund aus.

Der Wert des *Diamond-Twists* läßt sich leicht beweisen. Eine Person, die bei dem Gedanken, von der Mutter getröstet zu werden, oder bei einem der anderen in diesem Buch besprochenen Tests schwach testete, bleibt stark, wenn sie den *Diamond-Twist* auch nur eine oder zwei Minuten lang durchführt.

Regelmäßig durchgeführt, behebt der *Diamond-Twist* das seit der Geburt vorhandene spiralige Ungleichgewicht. Dies hätte normalerweise durch den ersten Atemzug auf dem Bauch der Mutter geschehen sollen. Weil es uns vorenthalten wurde, sind unsere Körper ein Leben lang so verdreht wie die Beziehung zu unseren Müttern. Das Beheben der körperlichen Verdrehung hilft uns, die psychische Unausgeglichenheit zu überwinden.

Meine Empfehlung lautet, dies als Teil des Remothering-Erlebnisses nur kurz zwei- bis dreimal täglich durchzuführen. Sie kommen dadurch allen ihren Lieben näher.

17. Musik und Mutterliebe

Die Mutter unserer Lieder, die Mutter unserer Samen.[24]

Zu allen Zeiten wurde Musik mit Mutterliebe in Verbindung gebracht. Die ersten Töne, die ein Baby hört, stammen von seiner Mutter: Ihr Atemgeräusch, ihr Pulsschlag und natürlich ihre Stimme werden durch das Fruchtwasser übertragen. Es lebt in einem Meer von Rhythmus, den die Mutter auslöst. Und wenn das Kind dann, nachdem es zur Welt gekommen ist, auf ihrem Bauch oder ihrer Brust liegt, hört es immer noch ihre Körperrhythmen und ihre Stimme. Es gibt keinen liebevolleren, tröstenderen, göttlicheren Klang als die Stimme, mit der die Mutter zu ihrem Baby spricht. Sie ist reine Liebe, „das ewige Musikinstrument des Himmels und der Erde".[25] Und aus ihr entsteht das größte aller Lieder, das Schlaflied für Kinder. Das Wesen der Musik, wie komplex und anspruchsvoll sie auch sein mag, beruht auf dem Klang der Mutter. Und alle Heilkraft der Musik bezieht sich auf die Göttlichkeit ihrer Liebe zu ihrem Kind und den Wunsch, ihm diese ohne jede Einschränkung mitzuteilen, ihm jede Belastung und jede Unannehmlichkeit zu ersparen und es im strahlenden Glanz der Mutterliebe ganz zu baden. Es wird gehalten, gewiegt, gestillt, gebadet zum Klang der göttlichen, friedlichen Harmonie der Mutter.

Es mag Sie deshalb auch wenig überraschen, daß die Musik von Dirigentinnen üblicherweise tröstender und von höherem therapeutischen Wert ist als die von Dirigenten. Musik ist ein Teil der Welt der Mutter. Sie ist *die* große Therapie.

Das Anhören therapeutischer Musik, die sich von der meisten herkömmlichen Unterhaltungs- „musik"[26] unterscheidet, ist denn auch immer eine Rückkehr zur Mutter. In diesem Buch empfehle ich immer wieder den Einsatz von Musik, wo es darum geht, die Beziehung zur Mutter herzustellen. Jede Art klassischer Musik ist hilfreich. Ich kam jedoch im Lauf der Jahre zu der Erkenntnis, daß Musik mit dem tiefsten und rhythmischsten Takt wie zum Beispiel in der Bandserie *Biologische Harmonien*[27] das Wiedererleben der Mutterliebe am besten fördert und am hilfreichsten ist.

Musik ruft die göttliche Liebe der Mutter hervor. Sie ist ihr Atem, ihr Pulsschlag, ihr Geist.

18. Kommunikation und der Wunsch, die Mutter zu töten

Hanna Segal schrieb über das, was ihrer Meinung nach „im Unbewußten aller Künstler vorhanden ist: daß alle Schöpfung in Wirklichkeit ein Wiedererschaffen eines einmal geliebten und ganzen, jetzt aber verlorenen und zerstörten Objekts ist, einer zerstörten inneren Welt und des Selbst. Wenn unser Inneres zerstört, tot und lieblos geworden ist, wenn unsere Lieben zerstückelt und wir selbst verzweifelt sind – dann geschieht es, daß wir unsere Welt neu erschaffen, die Stücke wieder zusammenfügen, den toten Teilen wieder Leben einhauchen, das Leben neu erschaffen." Sie fährt dann fort: „Der Künstler muß das Vorhandensein des Todestriebs anerkennen . . und die Realität des Todes für das Objekt und für das Selbst . . . Was der Künstler leisten muß, ist, dem Konflikt zwischen Lebenstrieb und Todestrieb vollen Ausdruck zu verleihen." Später sagt sie: „In einem großen Kunstwerk . . . wird der Todestrieb so voll anerkannt wie möglich. Er wird ausgedrückt und den Bedürfnissen des Lebenstriebs und des Schaffens angepaßt."[28]

Das Analysieren jeglicher Kommunikation, sei sie nun verbal, schriftlich, durch Kunst oder besonders durch Musik, zeigt ein psychologisches Grundproblem auf. Hinter jedem Redner, jedem Schriftsteller, jedem Komponisten und jedem Schauspieler – jedem von uns – steht das Problem des Todeswunsches für die Mutter! Jede Art der Kommunikation entsteht durch den Versuch, dieses Grundproblem zu überwinden.

Es gibt sehr feine Testverfahren, durch die sich aufzeigen läßt, daß der grundlegende Antrieb für jeden Schriftsteller, jeden Komponisten, jeden Schauspieler und jeden Sprecher – und dazu gehören wir ja alle – die Bewältigung des Problems des Todeswunsches für die Mutter ist. Dieser Zweck unterliegt jeder Art von Kommunikation und allen anderen Aspekten der Persönlichkeit. Wer sich sehr gut mitteilen kann, hat bis zu einem gewissen Grad den Todeswunsch für seine Mutter, seinen Todestrieb überwunden. Und das teilt er durch seine Kommunikation mit. Die Botschaft, die er uns zukommen läßt, heißt: „Ich wollte meine Mutter töten, habe dieses Problem aber jetzt bewältigt, liebe sie und wünsche ihr gute Gesundheit." Und in seiner Kunst erleben wir den Ausdruck sowohl des Problems als auch seiner Lösung. So werden wir durch sein Streben bereichert, durch sein Bemühen, den Mutterhaß und seinen auf sie gerichteten Todestrieb zu überwinden. Es hilft uns über unseren eigenen, auf unsere Mutter und uns selbst gerichteten Ausdruck unseres Todestriebs hinweg.

Das Problem des Todeswunsches für die Mutter steckt hinter fast allen psychischen Problemen. Wird es bewältigt, erledigt sich damit so gut wie jedes andere psychische Problem. Wenn wir unsere Mutter zu lieben beginnen, verringert sich, was immer wir auch sonst noch an Problemen hatten, denn jetzt durchfließt uns die Lebensenergie. Jetzt sind wir voller Liebe. Der Lebenstrieb triumphiert über den Todestrieb, und Liebe triumphiert über Haß.

Jeder Art von Kommunikation – das Schreiben eingeschlossen – liegt der Wunsch zugrunde, die auf die Mutter gerichteten zerstörerischen Triebe zu veräußerlichen und zu heilen.

19. Die Suche
nach dem richtigen Wort

Ich suche schon lange nach einem bestimmten Wort oder Ausdruck. Ein Wort für das, was wir göttliche oder universelle Liebe nennen. Leider wurde das Wort *Liebe* so entwürdigt, mißbraucht und abgegriffen, daß es heutzutage wenig wirklichen Wert hat. Wir „lieben" z. B. Eiscreme und sagen, sie schmeckt „himmlisch" oder „göttlich". Wie können wir da dasselbe Wort für Gott oder das Göttliche in unseren Mitmenschen verwenden?

Im Griechischen wurden bis zu Christi Zeiten im Grunde zwei Wörter für Liebe verwendet: *Eros,* das sich in erster Linie auf sexuelle Liebe bezog. *Eros* ist die Befriedigung eines Wunsches, nicht die Erkenntnis unseres Strebens nach dem Göttlichen.

Philia bezieht sich auf die brüderliche Liebe. Wahrscheinlich sagte Plato in diesem Sinne, obwohl vielleicht eher mit dem Gedanken an die göttliche Liebe, daß *Philia* der Mörtel, das Band des Universums sei. Aber die brüderliche Liebe ist nur ein schwacher Abglanz der Liebe Gottes. Sie verlangt hauptsächlich gegenseitige Rücksichtnahme und Zuneigung. Sie reicht nicht aus.

Im frühen Christentum erkannte man, daß keines dieser beiden Wörter das Gefühl der überwältigenden, vollkommenen selbstlosen Liebe Gottes für uns beschreibt, die zu erwidern wir uns so bemühen. Es wurde deshalb das Wort *Agape* verwendet, ein vorher untergeordnetes Wort mit der

Bedeutung „Zufriedenheit mit". Es bekam nun, z. B. in seiner Verwendung bei Paulus, die Bedeutung von „die intensive Form (der Liebe), die ihre wahre Befriedigung im Geben und in der Selbstaufopferung findet".[29]

Agape könnte meine Suche nach dem richtigen Wort beenden, wenn nicht zwei Faktoren dagegensprächen: Zum ersten ist es zumindest für unsere Ohren trotz seiner Bedeutung ein hartklingendes Wort. Und zum anderen schildert es uns heute nicht alle die Aspekte der Liebe, die ich beschreiben will.

Das Wort, das wir für Liebe verwenden, muß klarstellen, daß Liebe das Einzige ist, worauf es ankommt. Daß sie die einzige Tatsache ist. Alles andere ist nur Metapher. Liebe ist es und nur Liebe – tiefe, nicht personengebundene, selbstlose, gottähnliche Liebe –, die im Herzen zu empfinden wir uns bemühen müssen. Sie ist das Einzige. Sie ist die universelle Realität. Liebe und Liebe allein heilt. Außer ihr hat nichts im Leben und natürlich auch nichts in der Medizin Bedeutung.

Der gesuchte Ausdruck muß auf das Vorhandensein der einander entgegengesetzten Kräfte der Liebe und des Hasses hinweisen, auf das Empedokles als erster einging. Liebe verbindet die Welt. Haß spaltet sie auf. Wenn wir – als Individuen – im Zustand der Liebe sind, sind wir ganz, gesund, integriert und heil. Sind unsere Gefühle aber negativ, kommt es zu Streß, Zwist, Auflösung, Chaos und Unstimmigkeit in uns – und somit zu Krankheit. Liebe ist der selbstlose Pfad der Natur: Zwist

ist unser egoistisches Schieben und Drängeln durch die Welt. Gott hat unsere Welt so geplant, daß sie durch Liebe angetrieben wird. Und wenn wir seinen Willen erfüllen, fühlen wir uns eins mit dem Rest der Menschheit, eins mit der Natur und eins mit dem Universum.

Der Ausdruck muß auch wiedergeben, daß es *unsere* Entscheidung, *unser* Wunsch, *unser* Streben sind, die bestimmen, ob wir lieben oder uns entzweit fühlen. In jedem wachen Augenblick unseres Lebens steht es uns frei, uns für das eine oder andere zu entscheiden.

Außerdem muß das Wort erkennen lassen, daß Liebe in anderen Liebe hervorruft, daß Hader und Uneinigkeit in anderen die entsprechenden Gefühle erwecken. Der gesuchte Ausdruck muß diese soziale Verantwortung unseres Strebens, unserer Entscheidung für die Liebe hervorheben.

Die Mystiker schildern das Gefühl des selbstlosen Einsseins mit dem Universum, der absoluten Vollkommenheit, der Grenzenlosigkeit des Selbst, des Verschmelzens mit dem gesamten Kosmos und des vollkommenen und äußersten Eingebundenseins in eine syndesmotische Beziehung zu Gott in dem Bewußtsein, daß Gott alles ist und alles Gott ist. Dieses Gefühl entsteht, wenn ein Kind sanft geboren wird. Es wurde aus seinem Zustand der Vollkommenheit im Wasser ausgestoßen und erlebt nach den Ängsten der Geburt auf dem Bauch der Mutter liegend zum ersten Mal Liebe. Die Nabelschnur ist noch intakt und pulsiert. Es spürt seine Mutter und fühlt sich immer noch eins mit ihr, nur jetzt von außen. Es ist wieder und doch auf neue Art mit der Mutter vereint, denn jetzt kennt es die schreckliche Angst und das Elend der Trennung. Jetzt erwächst in dem Kind das Gefühl der vollkommenen Einheit, mit allem, mit Gott.

Das alles muß dieser Ausdruck vermitteln. Vielleicht gibt es ihn deshalb nicht, weil das wahre Gefühl so selten ist. Schon die reine Vorstellung davon trägt uns über den Bereich der Sprache hinaus. Es ist zu großartig und zu mächtig für Wörter.

Deshalb sieht es nun auch so aus, als gelangten wir am Ende zu einem Ausdruck, der nicht alles wiederzugeben scheint, was ich gerne vermitteln möchte, es aber doch sagt, und sogar noch viel mehr. Tatsächlich vermittelt er *alles*. Durch 2000 Jahre braust er uns entgegen, steht vor uns und in unserem Herzen wie nichts zuvor: *Gott ist Liebe.*

Bevor ich scheide nun von diesem heitren Ort
wo ich doch gern auf ewig mich verweilt,
pflück ich voll Freude eine Blüte noch
vom schönblättrigen, schönblütigen Rosenbaum.
So kam es denn, daß meine scharlachrote Rose ich
gewann.
Dann kam der Tag und weckte mich aus
meinem Traum.

Jean de Meun,
The Romance of the Rose

Anhang 1: Die Testverfahren

Der einfache Muskeltest

Zum Testen brauchen Sie zwei Personen. Die Testperson und den Tester. Beim einfachen Muskeltest verfahren Sie folgendermaßen:

1. Die Testperson steht aufrecht und hält einen Arm ausgestreckt mit durchgedrückten Ellbogen parallel zum Fußboden im rechten Winkel seitlich vom Körper weg. Der andere Arm hängt locker am Körper.

2. Stellen Sie sich der Testperson gegenüber, und legen Sie eine Hand zum Ausgleich auf die eine Schulter und die andere Hand direkt hinter dem Handgelenk auf den ausgestreckten Arm der Testperson.

3. Erklären Sie der Testperson, daß Sie deren Arm nun nach unten drücken; sie soll diesem Druck mit aller Kraft standhalten.

4. Drücken Sie nun ziemlich rasch, fest und gleichmäßig auf den Arm. Der Druck soll fest genug sein, um das Federn und die Elastizität des Arms zu testen, aber nicht so hart, daß der Muskel ermüdet. Es geht nicht darum herauszufinden, wer stärker ist, sondern darum festzustellen, ob der Arm gegen den Druck in das Schultergelenk „einrastet".
Anmerkung: Lächeln Sie nicht, während Sie den Test durchführen oder sich testen lassen.

Hält die Testperson dem Druck stand, sagen wir, sie testet stark – das heißt, der Test beeinflußt sie nicht negativ. Kann sie dem Druck nicht widerstehen, sagen wir, sie testet schwach, das heißt, sie wurde durch den Test ungünstig beeinflußt.
Ausführliche Anweisungen finden Sie in *Der Körper lügt nicht* (vgl. Anhang 4).

Der Nabeltest

Beim Nabeltest verfahren Sie folgendermaßen:

1. Führen Sie zuerst den üblichen Muskeltest am Deltoidmuskel durch.

2. Die Testperson legt nun die Finger ihrer rechten Hand auf den Nabel. Sie sollte dabei stark testen.

3. Wiederholen Sie den Test nun, während Sie Ihre linke Hand auf den Nabel der Testperson legen. (Die Testperson hat ihre eigene Hand dabei wieder weggenommen.) Sie sollte wiederum stark testen.

4. Ihre linke Hand liegt weiterhin auf dem Nabel der Testperson. Die Testperson legt ihre rechte Hand auf Ihre linke Hand. Wenn sie dabei schwach testet, sprechen wir von einem Nabelproblem, testet sie stark, von einer negativen Nabelreaktion.

Ausführliche Anweisungen und Erklärungen siehe in „The Umbilicus Test", in: *The Collected Papers of John Diamond, Volume II* (vgl. Anhang 4).

Anmerkung zum Test

Die in diesem Buch beschriebenen Tests werden üblicherweise im Stehen durchgeführt. Manchmal erweist sich aufgrund der besonderen Natur des Spiralproblems eine Schwäche jedoch nur im Liegen. Für genaue Ergebnisse sollte der Test deshalb sowohl im Stehen als auch im Liegen durchgeführt werden. Meistens zeigen sich die Probleme bereits im Stehen. Wenn Sie sich aber bei gewissen Fällen nicht ganz sicher sind, wiederholen Sie den Test am besten im Liegen.

Anhang 2: Die Alexander-
Horizontalstellung

Diese Stellung wird als Teil der von F. Matthias Alexander entwickelten Alexandertechnik zur Verbesserung der Körperhaltung gelehrt. Sie ist äußerst wertvoll. Sie richtet den Körper aus und ermöglicht so das ungehinderte Fließen der Lebensenergie. Dadurch kann die Thymusdrüse Störungen leicht erkennen und beheben. Diese sogenannte Alexanderstellung ist folgende:

Legen Sie sich auf den Rücken. Die Füße stehen auf dem Boden, die Knie sind angewinkelt, die Schenkel parallel zu den Hüften. Legen Sie ein oder zwei Bücher unter Ihren Kopf, damit das Rückgrat und der Hals richtig ausgerichtet sind. In dieser Stellung sind Sie entspannt und aufnahmefähig für alle anregenden äußeren Einflüsse wie z. B. Musik (vgl. auch: *Der Körper lügt nicht,* Anhang 4).

Anhang 3: Die Bedeutung des Nabelproblems

Während der Zeit in der Gebärmutter ist der Nabel die Hauptverbindung zwischen dem Kind und der Welt. Beweismaterial für diese Beziehung läßt sich im Leben immer wieder finden. Es läßt sich auch zeigen, daß die Akupunkturmeridiane sehr exakt kreisförmig um den Nabel konzentriert sind. (Dieses Thema wird in „The Umbilicus Test" und anderen Schriften in: *The Collected Papers of John Diamond, Volume II* genauer besprochen. Vgl. Anhang 4.)

Der Nabeltest hängt von zwei Faktoren ab: Erstens davon, daß alle Meridiane am Nabel konzentriert sind und daß durch die Berührung beim Test dort alle Meridiane gleichzeitig getestet werden. Zweitens bringt es eine Beziehung zu anderen mit ins Spiel, denn der Test hängt vom Kontakt des Testers – nicht der Testperson – mit dem Nabel ab.

Über diese Anmerkungen hinaus habe ich keine Erklärung für das Phänomen des Nabeltests. Ich weiß aber aus jahrelanger klinischer Erfahrung, daß es auf unbewußten Ärger hinweist. Sie können sich das selbst leicht beweisen. Wann immer Sie auf der Ebene des Nabeltests eine schwache Reaktion bei jemandem finden, bitten Sie die Testperson, an den Menschen zu denken, auf den sie ärgerlich ist, und dabei zu sagen: „Ich habe eine Wut auf dich, aber ich liebe dich trotzdem, und ich verzeihe dir." Dadurch wird das Nabelproblem unweigerlich behoben und das Testergebnis umgekehrt.

Freud wies auf den Kampf in unserem Innern hin zwischen den Kräften, die er Lebenstrieb und Todestrieb nannte. Obwohl ich seinen Todestrieb nicht als wahren Trieb betrachte, steht fest, daß sich im Innern von uns allen ein ständiger Kampf zwischen den Kräften des „Guten" und des „Bösen", zwischen Gesundsein, Ganzsein und Krankheit, Auflösung abspielt. Der griechische Philosoph Empedokles äußerte sich als erster über das Vorhandensein von Kräften der Liebe und des Hasses, von Ordnung und Chaos oder Zwiespalt auf der Welt. Er glaubte, daß die Welt und der einzelne in Frieden und Harmonie leben, wenn die Liebe triumphiert, und in Zwiespalt und Zwist, wenn der Haß überwiegt.

So stellt sich denn auch heraus, daß jeder ernsthaft Kranke dem „Todestrieb" unterlag. Des weiteren zeigt sich dann auch beim Test ein Nabelproblem – es ist hier ein schwerer, zerstörerischer unbewußter Ärger am Werk. Meiner Meinung nach ist dies der grundlegende ätiologische Faktor von Krankheit.

Welche Bedeutung hat das Nabelproblem für die Fähigkeit, wahrhaft zu lieben? In den meisten Fällen zeigt sich bei dem Gedanken, die Mutter oder den Ehepartner vollkommen zu lieben, ein Nabelproblem. Dies zeigt den Grad an unbewußtem Ärger an, der durch den Gedanken an diese göttlichste und vollkommenste der uns überhaupt möglichen Beziehungen – die ungetrübte Liebesbeziehung zu unserer Mutter – ausgelöst wird. Außerdem stellt sich heraus, daß viele Frauen bei dem Gedanken an das Bemuttern ihrer Kinder ein Nabelproblem aufweisen. So wird das Problem von Generation zu Generation übertragen.

Menschen mit einem Nabelproblem bei der Vorstellung des Bemutterns oder Bemuttertwerdens testen auch bei dem Gedanken an Gott oder beim Aussprechen des mächtigsten aller göttlichen Sätze, der Grundlage jeden Gebets: „Gott ist Liebe", schwach. Auch wenn sie sich selbst für noch so religiös halten und sich um Einheit mit Gott bemühen, erweckt das unbemerkt (weil unbewußt) immer Ärger in ihnen. Dieser Ärger beeinträchtigt dann ihre Fähigkeit, Gott oder ihre Mitmenschen zu lieben. Erst wenn das Nabelproblem behoben ist, können sie wahrhaft lieben und wirklich so religiös sein, wie sie das bewußt gerne wären.

Sie können sich vorstellen, wie schwer es ist, wahrhaft zu lieben, wenn dadurch ein Nabelproblem hervorgerufen wird. Das heißt, wenn durch die Liebe nicht nur Liebe, sondern gleichzeitig auch Ärger entsteht, der dann die Liebe stört. Und weil dies alles unbewußt abläuft, ist sich der Mensch dessen nicht gewahr, glaubt zu lieben und versteht nicht, warum er nicht wiedergeliebt wird.

Wir wissen mit jeder Faser unseres Seins, daß wir von Herzen wahrhaft lieben sollten. Wie Theophanus sagte, sollten wir mit offenem Sinn und mit offenem Herzen vor Gott stehen.[30] Tragischerweise löst dies jedoch bei den meisten Menschen, die sich darum bemühen, nicht Liebe, sondern Ärger aus.

Nachdem die frühen Mutterprobleme durch das

Re-mothering-Erlebnis überwunden sind, ist es in fast allen Fällen möglich, Gott wahrhaftig zu lieben. Kopf und Herz sind eins, und das Herz ist offen und voller Hoffnung. Es ist dann möglich, „Gott ist Liebe" zu sagen, dabei die Kraft des Geistes im Körper zu spüren und stark zu testen.

Ich habe auch entdeckt, daß Ribonucleinsäure, vor allem in Verbindung mit Cholin und Inositol, sowie Zitronenmelisse *(Melissa officinalis)* das Nabelproblem beseitigen. Über die Gründe dafür bin ich mir nicht sicher. Auch therapeutische Musik überwindet das Problem.

Wenn Sie beim Gedanken an Gott oder dem Satz „Gott ist Liebe" schwach testen, ist das kein Grund zur Panik. Das geht, meist als Folge der uns durch unsere unsanfte Geburt innewohnenden Angst, vielen Menschen so. Das Ruhen auf dem Bauch unserer Mutter nach einer natürlichen Geburt bildet den tiefsten Ursprung jeden religiösen Gefühls. Die Bewältigung dieser frühen Probleme in der Mutterbeziehung erlaubt Ihnen, Gott zu lieben wie nie zuvor.

Es gibt eine sehr wirkungsvolle Übung zum Re-mothering-Erlebnis, die in diesem Fall hilfreich sein mag. Legen Sie sich in der Alexanderposition hin, lassen Sie therapeutische Musik spielen, und trinken Sie Zitronenmelissentee, und/oder nehmen Sie eine Tablette Ribonucleinsäure mit Cholin und Inositol. Sagen Sie dabei mehrmals „Gott ist Liebe". Es wird Ihnen dabei warm ums Herz werden. Sie fühlen Gott in sich wie nie zuvor. Jetzt und erst jetzt können Sie alle Menschen, die Ihnen lieb

116

sind, wahrhaft und ohne Einschränkung lieben, besonders Ihre Mutter.

Anhang 4: Weitere Bücher von John Diamond

Speech, Language and the Power of the Breath, Valley Cottage/NY 1979 (Archaeus Press)

Notes on the Spiritual Basis of Therapie, Valley Cottage/NY 1979, 1986

The collected Papers of John Diamond, Volume II, Valley Cottage/NY 1980

Der Körper lügt nicht, Freiburg 1983 (Verlag für Angewandte Kinesiologie)

Lebensenergie in der Musik, Bd. 1, Südergellersen 1983, 4. Aufl. 1987 (Verlag Bruno Martin)

A Book of Cantillatory Poems, Valley Cottage/NY 1985

Die heilende Kraft der Emotionen, Freiburg 1986

Lebensenergie in der Musik, Bd. 2, Freiburg 1987

Lebensenergie in der Musik, Bd. 3: Das Herz der Musik, Freiburg 1991

Leben als Cantillation – Analyse der Lebensenergie als Befreiung zur Liebe, Freiburg 1991

Hinweis:
Das „Institute for the Enhancement of Lifey Energie and Creativity" (IELEC) arbeitet mit der Stiftung „Archaeus Research Foundation" zusammen. Dadurch wird es möglich, Dr. John Diamonds Forschungsergebnisse und philosophische Schriften der Öffentlichkeit zugänglich zu machen. Nähere Informationen über seine Bücher und Audiokassetten erhalten Sie bei:
IELEC, Post Office Drawer 37, Valley Cottage/ New York 10989, USA, Tel.: (914) 268-51 44.

Anmerkungen

1 *Leboyer, Frederick:* Der sanfte Weg ins Leben. Geburt ohne Gewalt, München 1974

2 *Neumann, Erich:* Die Große Mutter, 3. Aufl., Olten und Freiburg im Breisgau 1988

3 *Gordon, Jean:* The Pageant of the Rose, New York 1953

4 *Bayley, Harold:* The Lost Language of Symbolism, London

5 *Eissler, Kurt R.:* Discourse on Hamlet and „Hamlet": A Psychoanalytic Inquiry, New York 1971

6 *Solomon, Maynard:* The Dreams of Beethoven, American Imago 32, 1975

7 *Rank, Otto:* The Trauma of Birth, London 1929

8 *Roheim, Geza:* The Gates of the Dream, New York 1952

9 *Freud, Sigmund:* Die Traumdeutung, Frankfurt 1972

10 *Eidelberg, Ludwig (Hrsg.):* Encyclopedia of Psychoanalysis, New York 1968

11 *Freud, Sigmund:* Abriß der Psychoanalyse – Das Unbehagen in der Kultur, Frankfurt 1953

12 *Kerenyi, C.:* The Gods of the Greeks, London 1951

13 *Laski, M.:* Ecstasy, London 1961
James, William: The Varieties of Religious Experience, New York 1961

14 *Bucke, R. M.: Cosmic Consciousness, New York 1974*

15 *Diamond, John:* Die heilende Kraft der Emotionen, Freiburg 1986

16 Näheres dazu siehe bei *Diamond, John:* The Total Commitment Test, in: The Collected Papers of John Diamond, Volume II, Valley Cottage/NY 1980 (Archaeus Press)

[17] *Murray, Margaret:* My First Hundred Years, London 1956
[18] *Diamond, John:* The Gift of Insight, in: Lectures on a Spiritual Basis of Holistic Therapy, Valley Cottage/NY 1979
[19] Für zusätzliche Forschungsergebnisse zu Professor Darts Arbeit siehe *Diamond, John:* Some Speculations on the Origins of Language Employing the Findings of Behavioral Kinesiology – A Tribute to Professor Raymond A. Dart, in: The Collected Papers of John Diamond, Volume II, Valley Cottage/NY 1980
[20] *Dart, R. A., and Craig, Dennis:* Adventures with the Missing Link, London 1959
[21] *Dart, R. A.:* An Anatomist's Tribute to Matthias Alexander, London 1970
[22] *ders.:* Voluntary Musculature in the Human Body – The Double-Spiral Arrangement, in: Human Potential 1, 1968
[23] *Sutherland, William G.:* The Cranial Bowl, 1939 *Magoun, Harold I.:* Osteopathy in the Cranial Field, Kirksville 1966
[24] Aus einem Lied der Kagaba-Indianer in Kolumbien
[25] *Ruskin, John:* Joanna's Care
[26] Ruskin nannte sie *amusia,* „die Verleugnung oder das Elend der Musen". *Fors clavigera*
[27] Erhältlich über IELEC (vgl. Seite 119)
[28] *Hanna Segal:* A Psycho-Analytical Approach to Aesthetics, in: *Klein, Melanie/Heimann, Paula/Money-Kyrle, R. E. (Hrsg.):* New Directions in Psycho-Analysis, London 1955
[29] *Scott, Charles A. Anderson:* Christianity According to St. Paul, Cambridge 1961
[30] *Igumen Chariton of Valamo:* The Art of Prayer, London 1966

Dr. John Diamond
Der Körper lügt nicht

Eine neue Wissenschaft, die Ihren Körper und Ihr Leben verändern kann, stellt sich Ihnen hier vor: **Behaviorale Kinesiologie.** Ausgehend von der Erkenntnis, daß die Thymusdrüse eine bedeutende Rolle bei der Regulierung der Körperenergie spielt, kann Behaviorale Kinesiologie Sie zu einem vitaleren und gesünderen Lebensstil führen.

205 Seiten, viele Fotos und Illustrationen, Paperback, 26,–DM/sFr.
ISBN 3-924077-00-2

Dieses herausfordernde, sensationelle Buch konzentriert sich auf den psychologischen Aspekt der Lebensenergie.
Dr. Diamond, ein international bekannter Psychiater, zeigt Ihnen, wie Sie Ihre Lebensenergie hoch halten können.
Er beschreibt die Basis positiver und negativer Zustände, welche auf die Lebensenergie einwirken. Negative emotionale Zustände (Haß, Ärger, Neid etc.) reduzieren die Lebensenergie des einzelnen. Positive emotionale Zustände (Liebe, Vertrauen, Mut etc.) heben den Energielevel und helfen dem einzelnen, mit den geistigen und psychischen Streßfaktoren des Lebens fertig zu werden, und verstärken unsere Kreativität und Produktivität.
Mit Hilfe eines einfachen Muskeltests zeigt Ihnen Dr. Diamond, wie Sie den Zustand Ihrer Lebensenergie einschätzen und die spezifischen psychologischen Faktoren ausschalten können, die störende Einflüsse und Auswirkungen haben.
Durch positive Affirmationen können Sie Ihre Lebensenergie steigern.
274 Seiten, viele Fotos und Illustrationen, kart., 35,– DM/sFr.

Dr. John Diamond
Die heilende Kraft
der Emotionen

John Diamond
Lebensenergie
in der Musik

Im zweiten Band zu Lebensenergie in der Musik beschreibt John Diamond seine Erfahrungen 25jähriger Forschung und praktischer Arbeit im Hinblick auf die Auswirkungen von Musik auf den Menschen, besonders bezüglich der Steigerung von Kreativität und Leistung und der Reduzierung von Streß bei Amateuren und professionellen Musikern.
205 Seiten, Paperback, Preis 24,– DM/sFr.
ISBN 3-924077-08-8

■ In diesem Buch beschreibt John Diamond die spirituelle Zielperspektive seiner Arbeit:

„Meine gegenwärtige Arbeit besteht darin, mich für die Cantillation einzusetzen. Cantillation ist der Zustand des Gesegnetseins, des Einsseins, der Freude.

Es gibt für jeden Menschen eine kreative Betätigung, die leichter als alle anderen diesen Zustand hervorruft. Wir nennen sie Cantillieren. Sie ist sein Dankes- und Liebeslied, sein Psalm, sein Weg...Unser Streben ist, dieses Cantillieren zu vervollkommnen und darüber hinaus in unseren gesamten Alltag zu übertragen, so daß unser Leben selbst zum Liebeslied wird.

Es lag mir noch nie wirklich daran, Krankheiten zu heilen oder zu diagnostizieren. Ich wollte schon immer nur den Haß der Patienten in Liebe umwandeln."

Dr. John Diamond:

Leben als Cantillation — Analyse der Lebensenergie als Befreiung zur Liebe

ca. 100 Seiten, Paperback
ca. 20,— DM/sFr.
ISBN 3-924077-19-3

Erscheint Frühjahr 1991

Dr. Roger J. Callahan
Leben ohne Phobie

Wie Sie in wenigen Minuten Ihre Phobie oder Angst verlieren können.
Phobien und Ängste beherrschen das Leben vieler Menschen. Dieses Buch ist ein Meilenstein auf dem Weg zur erfolgreichen Behandlung von Phobien und Ängsten. Es berichtet von den Heilungserfolgen Dr. Roger J. Callahans, der in 85 % aller Fälle seine Patienten von ihren Ängsten befreien konnte: augenblicklich, schmerzlos und auf natürliche Weise. Sie können diese Methode sofort selbst für sich und andere anwenden. – Ein sehr empfehlenswertes Buch für Therapeuten und für die, die sich selbst helfen wollen.

209 Seiten, Illustrationen, Paperback, 28,–DM/sFr.
ISBN 3-924077-07-X

■ Mit dieser Aufsatzsammlung legt John Diamond eine Vielzahl neuer Beobachtungen, Gedanken und Forschungsergebnisse zum Zusammenhang von Musik und Gesundheit vor. Einige Themenbeispiele:
● Der Urquell der Musik
● Musik-Kriterien
● Die wahre Aufgabe des Musikers
● Furtwänglers Erbe
● Die erneuernde Kraft der Musik
● Musik als Gebet
Leseprobe:
„Die Kriterien für Musik sind dieselben wie für jedes andere Unterfangen, jeden Gedanken, jeden Wunsch, jede Tat. Fördert sie die Gesundheit oder nicht? Bringt sie uns Gott näher oder nicht? Erhöht sie unser Potential an Lebensenergie oder nicht? Bringt sie uns dazu, unsere Herzen zu öffnen und zu lieben, oder nicht...?"

Dr. John Diamond:

Das Herz der Musik

ca. 210 Seiten, Paperback
ca. 28,— DM/sFr.
ISBN 3-924077-18-5

Erscheint Frühjahr 1991